Klaus-Geert Heyne

Liebende

Gedichte

an die Liebste
und an den Geliebten

*Bibliografische Information
der Deutschen Nationalbibliothek:
Die Deutsche Nationalbibliothek verzeichnet diese
Publikation in der Deutschen Nationalbibliografie;
detaillierte bibliografische Daten sind im Internet
über http://dnb.dnb.de abrufbar.*

© 2017 Klaus-Geert Heyne

*Umschlagbild:
fotolia.com 91958294©Blickfang
„Abendstimmung am Meer"*

*Umschlaggestaltung:
Marie-Luise Wallerich, Heidesheim*

*Texte und Layout:
Cornelia Rinne, Worms am Rhein*

*Herstellung und Verlag
BoD – Books on Demand, Norderstedt*

ISBN: 9783743189645

Dank

Allen Freunden und Beteiligten,
die das Entstehen dieses Buches
begleitet haben,
sage ich herzlichen Dank.

Er gebührt insbesondere
Cornelia Rinne,
die in vielen Sitzungen
mit großem Engagement,
mit ihrem liebevollen Sachverstand
und mit ihrer dennoch immer
kritischen Distanz
außergewöhnlich zum Gelingen
beigetragen hat.

Danke, Conny,
und
alle guten Wünsche für Dich!

Herzlichen Dank
auch an Marie-Luise
für ihre Umschlaggestaltung
und an meine Gabriele,
die mich zu dieser
Neuauflage bewegt hat.

Inhalt

Vorwort	***9***
Zuneigung	***11***
Nachtwache ♂	13
Luft zum Leben ♀	17
Kleine Frau ♂	19
Damals und heute ♀	21
Lebensruf ♂	22
Zauber ♀	24
Zärtlichkeit ♂	27
Liebe meines Lebens ♀	30
Ich such' Dich ♂	32
Alles anders ♀	37
Traumbild ♂	41
Ich leb' mit Dir ♀	42
Innehalten	***45***
Grübelei ♂	47
Über die Große Liebe ♀	49
Fair ♂	51
Wenn ich erzähl' ♀	54
Feiertage ♂	56
Tagtraum ♀	58
Johann und Lotte ♂	60
Reflexion ♀	62
Identität ♂	64
Sprüche ♀	67
Abschiede ♂	71
Vergleich ♀	74
Aussichten	***77***
Die Offerte ♂	79
Schreiben ♀	82
Die Ochsentour ♂	84
Ernst ♀	87

Lächeln ♂	89
Konsequenz ♀	91
InterNet ♂	94
Ganz sicher ♀	98
Die Taube auf dem Dach ♂	100
Horizonte ♀	103
Hoffnung	***107***
Der Plan ♂	109
Aufbewahren ♀	111
Umwege ♂	113
Für kurze Zeit ♀	117
Genug gesucht ♂	120
Abendtraum ♀	122
Unser Tag ♂	124
Lebenszeichen ♀	125
Ausklang	***127***
Märchen	129
Nachwort	***133***
Resümée	135

Vorwort

„Wenn du ein Buch zur Liebe schreibst,
gibt Acht, dass du nicht übertreibst,
doch auch nicht zu gering sie schätzest
und so die Liebenden verletzest!
Versuch', das gold'ne Maß zu finden
für Liebestaten oder Sünden,
das rechte Wort am rechten Platz –
denn jede Liebe ist ein Schatz!"

So hab' ich mal zunächst gedacht,
von Zeit zu Zeit mich drangemacht,
für *sie* und *ihn* den Sinn zu finden,
mit Herzenstakt ihn zu ergründen:
Wie fühlt die Frau, was denkt ein Mann,
wenn jeweils man nicht haben kann,
was beide doch so sehr erstreben:
Zusammensein ein ganzes Leben

Solch' Ziel steht über diesem Buch –
es ist ganz einfach ein Versuch,
Gedanken, Nöte zu beschreiben,
die sonst vielleicht verborgen bleiben.
Wer's liest, mag auch sich selbst erkennen,
sich hier und da betroffen nennen.
Das Resümée steht ganz am Ende –
dann nehmt das Glück in beide Hände!

Klaus-Geert Heyne

Zuneigung

Nachtwache ♂

Geliebte, muss Dir schreiben diesen Brief,
vielleicht liest Du ihn später oder nie.
Ich platz' vor Sehnsucht, fühl' für Dich so tief –
erreichen möcht' ich Dich, doch weiß nicht wie.

> Hier auf hoher See
> tut es doppelt weh –
> dunkel ist die Nacht,
> ich hab' Ruderwacht.

Noch scheint Dir meine Sehnsucht sonderbar,
doch sei versichert, bin ganz Realist.
Im Herzen und vom Kopf her seh' ich klar,
wie winzig ja die Chance für uns ist.

Romanzen gehn vorbei, auch wenn sie schön
gewesen sind, sie immer mehr verblassen –
doch meine Liebe lebt, will nicht vergehn,
wird tiefer, reifer – kann von Dir nicht lassen.

> Ist das Land so fern,
> leuchtet auch kein Stern,
> kommen die Gedanken,
> die mein Herz umranken.

Ich hab' durch Dich und uns so viel gelernt –
heut' weiß ich: was mich prägt und mich bewegt,
ist etwas, das sich nie von mir entfernt:
Die Stille Welt, die Jeder in sich trägt. ▶

Zuneigung

Und diese Welt kann so verschieden sein
vom Äußer'n, von des Alltags täglich' Leben,
dass ich erschrecken muss, wie falsch und klein
das Urteil ist, das vorschnell wir oft geben.

Das Zentrum meiner inn'ren Welt bist Du,
selbst nach so vielen Jahren lieb' ich Dich –
ich sprech' mit Dir und denk', Du hörst mir zu,
auch wenn von uns ein Jeder lebt für sich.

Ein Lebenshalt bleibt dies' Geheimnis mir,
durch Dich würd' es gelüftet, Schritt für Schritt.
Nur gute Freunde wissen ja von Dir,
das hilft mir sehr – sie denken, hoffen mit.

> Nein, der Tonne Licht
> blinkt noch immer nicht –
> hat mein Kurs noch Sinn,
> treib' ich nur dahin?

Mein Weg zu Dir ist wirklich, echt und klar
und keine Laune, kein Versehn,
kein sportlich' Üben,
wenn ich vergleiche, wie's bei denen war,
die im Roman, Theater, Drama lieben.

Bis jetzt hatt' ich in meinem Leben Glück –
so spürbar, eher unverdient, so viel –
und „das mit uns" ist wohl das größte Stück
und darum bleibst nur Du mein höchstes Ziel. ▶

Zuneigung

Bin dankbar, wär' zufrieden, blieben nicht
trotz alledem noch kleine Wünsche offen,
die menschlich, männlich, kindlich sind und schlicht
mit Deiner Liebe auf Erfüllung hoffen.

> Erstes Morgenlicht
> gibt mir Zuversicht –
> rötlich-blass ein Schimmer,
> zweifeln werd' ich nimmer!

Ich lieb' Dich so, wie Gott Dich immer meinte,
lieb' den Entwurf, den er von Dir geschaffen,
auch wenn bis heut' er uns noch nicht vereinte,
weil zwischen unsren Wegen Räume klaffen.

Ich lieb' Dich, wie Du bist, wie sein Du willst,
lieb' Deine Kraft, Bescheidenheit, Humor,
und wenn Du Dich in manche Zweifel hüllst,
bist ehrlich Du, machst Dir und mir nichts vor.

Ich lieb' als Mensch Dich und als ganze Frau
mit allem Schönen, was Du mir kannst geben –
selbst wenn Du müde wärest, alt und grau,
wünsch' ich so sehr gemeinsam uns ein Leben.

Ich weiß, das wär' nicht nur ein Zuckerschlecken,
doch spür' ich eine Ur-Verbundenheit,
die hilft, die Träume, Wünsche, Kanten, Ecken
zu akzeptieren – kompromissbereit. ▶

Zuneigung

Zu guter Letzt: Ich möchte mit Dir gehn
so fröhlich, locker wie ein kleines Bübchen,
möcht' Dir in Deine lieben Augen sehn
und, wenn Du lachst, auf Deine hübschen Grübchen.

    Wache ist vorbei,
    hab' nun endlich frei.
    Geh' jetzt ruhig schlafen –
    träum' von meinem Hafen. ◆

Luft zum Leben ♀

Für Dich, Geliebter, möchte ich Luft sein!

Atemluft, die Dich erfüllt –
die immer um Dich ist,
wenn Du sie brauchst,
unaufdringlich, verlässlich, treu –
die Dich am Morgen erfrischt,
Deine Sinne weckt,
Deine Lunge weitet,
Dir den Kopf klar macht,
die Dich am Abend
zur Ruhe kommen lässt,
Deine Gedanken ordnet,
Dich in den Schlaf begleitet.

Lebensluft, die Dich umgibt –
die Dich Deinen Wert
spüren und erleben lässt,
die es Dir ermöglicht,
Mensch und Mann zu sein –
die Dir Mut macht zu Schritten
in die richtige Richtung,
die Dich zu neuen Ufern treibt –
die Dich wieder einhüllt
in eine Wolke von Liebe,
Zuwendung, Wärme, Geborgenheit. ▶

Zuneigung

Freiheitsluft, die Dich begleitet –
      die Deinen Träumen
      und Deiner Sehnsucht Raum gibt,
Dir Wünsche zuträgt,
      die keine Ansprüche sind –
      die alle Fragen möglich macht,
ohne dass es
      immer eine Antwort geben muss –
      die Dir alle Zeit der Welt schenkt
und die für Dich da ist!

Für Dich, Geliebter,
      möchte ich Alles sein –
      oder doch ganz viel! ◆

Kleine Frau ♂

(nach Hartmut Pollack)

Kleine Frau, was schweigst Du?
Bin ich Dir denn nichts mehr wert?
Lass Dich doch so brav in Ruh',
dass Dich nichts beschwert.

Kleine Frau, Du große Frau,
tapfer, klug und liebenswert,
der ich all mein Heil vertrau',
der mein Herz gehört!

Kleine Frau, was denkst Du?
Denkst Du nie mehr weit zurück,
lässt Du kaum Gedanken zu,
die einst unser Glück?

Kleine Frau, Du fehlst mir!
Spür' Dich nah und oft so fern,
bräucht' auch mal ein Wort von Dir –
hab' Dich doch so gern.

„Kleine Frau" – all' Zärtlichkeit,
die Du brauchst in Glück und Not,
liegt im Wörtchen „klein" bereit –
oder ist die Sehnsucht tot?

Kleine Frau, wie lebst Du?
Kann Dein Glück nicht glauben –
gibst Du wirklich ehrlich zu,
was Dein Glück kann rauben? ▶

Zuneigung

Kleine Frau, was hoffst Du?
„Nur nichts Altes!? Nur nichts Neues!?
Alles bleibe so in Ruh'?"
Dass ich frage – ach verzeih' es!

Kleine Frau, was träumst Du?
Ist in Deinem Leben Raum
noch für Wünsche? Was versäumst Du,
wenn Du meidest manchen Traum!?

Kleine Frau, ich brauch' Dich sehr!
Fühl' mich nichts mehr wert,
fühl' mich leer von innen her,
seit ich Dich gehört.

Kleine Frau, was zürnst Du?
war es eine böse Tat,
dass ich ging auf Euch nur zu,
weil ich Sorge hatt'?

Kleine Frau, verzeih mir!
Bin Dir gut und bin ganz still –
schreib für mich und sende Dir,
was ich sagen will.

Kleine Frau, Du hörst von mir,
wenn Du frei bist, alt und grau –
wenn ich tot bin, schickt man Dir,
was es hieß: „Du Kleine Frau" … ◆

Zuneigung

Damals und heute ♀

(nach Friedrich Rückert)

Du warst die Ruh', Du warst der Frieden,
Du warst der Himmel, mir beschieden.
Dass Du mich liebtest, gab mir Wert,
Dein Blick hat mich vor mir verklärt;
Du hobst mich liebend über mich,
mein guter Geist, mein bessres Ich!

Ich liebe Dich, weil ich Dich lieben muss;
ich liebe Dich, weil ich nicht anders kann;
ich liebe Dich nach einem Himmelsschluss;
ich liebe Dich durch einen Zauberbann. ◆

Lebensruf ♂

(nach Hermann Hesse)

Du gabst mir einst zum Trost auch Hesses „Stufen",
Du schriebst sie tapfer und mit wehem Herzen –
die schönen Zeilen waren uns berufen,
zu lindern Dir und mir die schlimmsten Schmerzen.

So ging es wohl schon vielen Menschenpaaren,
die liebend auseinander gehen mussten,
obwohl sie viel zu nah einander waren,
weil einen bessren Ausweg sie nicht wussten.

Heut' fühl' ich Hesses Verse wie befreit,
nachdem ich ihnen neu begegnet bin –
sie gelten, mein' ich, auch in dieser Zeit,
zwar unverändert, doch mit neuem Sinn:

So musst' verwelken jener Jahre schöne Blüte
wie auch die Jugend wich bei Dir und mir dem Alter,
doch jene Blume lebt durch Gottes Güte –
er war stets unsres Lebenswegs Gestalter.

Zwar bin ich heimisch diesem Lebenskreise
und traulich eingewohnt – doch kein Erschlaffen
droht mir, bereit zum Aufbruch und zur Reise –
kann lähmender Gewöhnung mich entraffen.

Gern will ich heiter Raum um Raum durchschreiten,
an keinem wie an einer Heimat hängen.
Gott will uns Stuf' um Stufe heben, weiten –
ich glaub', er will nicht fesseln uns und engen. ▶

Zuneigung

An einer Heimat häng' ich doch – an Dir,
kann mir ein Alter ohne Dich nicht denken!
Bist Du mir fern, mir nah', gewogen mir?
Möcht' Nähe Dir und Glück und Freiheit schenken.

Bin, wie gesagt, bereit zu neuer Reise,
solang' das Herz gesund und klar die Sinne,
werd' heimisch gern in neuem Lebenskreise –
auch spätem Anfang wohnt ein Zauber inne.

Obwohl mir klar, wie klein die Möglichkeit,
die uns verbinden kann, noch für uns ist –
an Dich zu denken, trägt mich durch die Zeit,
auch wenn Du mich vielleicht nicht mehr vermisst.

Ich wünsch', auch Dir sei diese Gab' gegeben,
Dir Luft zu machen und so frei zu träumen,
der Sehnsucht Platz zu lassen – so zu leben,
dass Deine Seele schwebt in weiten Räumen.

So wird vielleicht doch erst die Todesstunde
uns neuen Räumen jung entgegensenden –
des Lebens Ruf an uns muss niemals enden –
nur Mut, mein Herz, nimm Abschied und gesunde! ◆

Zuneigung

Zauber ♀

Oft frag' ich mich, wer Du denn bist,
der mich so stark und tief berührt,
und was denn nur Dein Zauber ist,
der schon so lang' mich zu Dir führt.

Lässt Zauber sich genau begründen,
damit er wird lebendig bleiben?
Muss wirklich ich erst Gründe finden,
um ihn mit Worten zu beschreiben?

Ich hab's versucht, hab' nachgedacht,
wollt' ihn doch dadurch nicht zerstören –
den Zauber, der mich reich gemacht,
möcht' ihn mir selbst so gern erklären.

Was macht Dich mir so einzigartig,
so unvergesslich, so vertraut –
warum so lange nun schon wart' ich,
dass Gott uns eine Brücke baut?

Hat mich mein Weg zu Dir geführt,
weil ich mir Illusionen mache,
weil wir den Alltag nie probiert –
er sei für uns nur Nebensache?

Der erste Grund ist Deine Art,
mir zu vertrauen, Deine Klarheit,
mit der Du Dich mir offenbart,
Dein Wesen, Träume – Deine Wahrheit. ▶

Zuneigung

Nie durft' ich solche Liebe schauen,
die Freude und die Zweifel spüren,
noch nie empfand ich solch' Vertrauen,
Dich in mein Innerstes zu führen.

Denn dies erkenn' ich jedes Mal,
wenn ich in Deine Briefe schau',
die Du mir schriebst in großer Zahl –
sie machen mich zur reichen Frau.

Ich kann es einfach noch nicht glauben,
dass dies in Dir verloren ist,
wenn es doch mir die Ruh' kann rauben –
im Wesen bleibst Du, wie Du bist!

Der zweite Grund ist hart und klar:
Von Allen, die mir nahgekommen,
bist Du der Einzige – fürwahr –
den als Instanz ich hab' genommen.

Mein Herz hat niemals Dich belogen,
bei Andren ich's schon manchmal tat –
nur Dich hab' niemals ich betrogen,
ich hätt's empfunden als Verrat.

Natürlich warst ja Du der Grund,
warum ich Manchen täuschen musste,
ich hielt damit mein Herz gesund,
obwohl ich weit entfernt Dich wusste. ▶

Zuneigung

Der dritte Grund – bedarf es dessen? –
ist simpel, schlicht, fast unerklärlich:
Ich kann Dich einfach nicht vergessen,
Du bist und bleibst mir unentbehrlich!

Und rufst Du heut' noch bei mir an:
„Ich brauche Dich, lass Dich mal sehen!" –
… dann komm' ich gern, so schnell ich kann,
eh' noch mehr Jahre uns entgehen.

Dir klingt's vielleicht wie Schwärmerei,
wie Altersstarrsinn oder schlimmer –
ich mach' so gern mich für Dich frei,
auch wenn es schwer wird – dann für immer.

Drum traust Du Deinem Zauber nicht
und auch nicht jenen dreien Gründen,
so gibt Dir Gott die Zuversicht,
dass doch wir zueinander finden. ◆

Zuneigung

Zärtlichkeit ♂

Liebt dich ein Däne oder Schwed',
so spricht er gern von „Kärlihed",
und dieses Wort enthält so viel
an Sorge, Zartheit und Gefühl,
dass ich mir mal die Müh' gemacht
und hab' darüber nachgedacht.

Denn Kärlihed heißt Zärtlichkeit,
Vertrautheit und Verbundenheit,
heißt füreinander einzustehn,
gemeinsam einen Weg zu gehn,
stets für den Andren da zu sein,
an seinem Leben sich zu freun.

Die Zärtlichkeit braucht Offenheit,
Empfindsamkeit und Achtsamkeit,
und so sagt dieses Wort viel mehr –
und gibt so manche Deutung her –
als Liebe, die, beschränkt auf Triebe,
nur roh und bruchstückhaft verbliebe.

Die Skandinaven haben so
ein Wort, das weise macht und froh,
das uns erklärt, um was es geht,
wenn's sich auf Deutsch um Liebe dreht.
Wie war's bei uns – so frag' ich mich –
empfand ich Kärlihed für Dich? ▸

Zuneigung

So oft ich nachdenk', fühl', empfinde –
für Andre war es sicher Sünde –
so oft spür' ich in meinem Sinnen,
dass unsre Liebe kam von innen,
war angefüllt mit Zärtlichkeit,
mit Feingefühl, Behutsamkeit.

Wir gingen aufeinander zu
mit Muße und in großer Ruh'
und ließen all das neu entstehn,
was Liebende nur können sehn:
Das Bild des Andren, gottgegeben,
sein Wesen und sein inn'res Leben.

Und was wir fanden, war so schön,
dass Keiner wollte weitergehn,
als grad der Augenblick ergab –
und dass ich nichts vergessen hab',
ist mir heut' Reichtum und mein Schatz
und hat bei mir den höchsten Platz.

Wir waren füreinander offen,
berührt, empfindsam und betroffen.
Behutsam wurden wir vertraut,
erst unter, später auf der Haut,
und ganz zuletzt war'n wir bereit,
zu geben alle Zärtlichkeit. ▶

Zuneigung

Nicht nur wenn wir zusammen schliefen –
dafür gab's viel zu wenig Zeit –
nein, grad' in Worten und in Briefen
wir schenkten uns die Zärtlichkeit,
die wir uns reichlich konnten geben –
sie überstrahlte unser Leben.

Du hast gesagt und mal geschrieben,
dass diese Zärtlichkeit geblieben,
bis Du den alten Weg gewählt,
um den Du Dich so lang' gequält.
Ich glaub' ganz fest, was Du versprochen,
das sitzt Dir heut' noch in den Knochen.

Verzeih' den rustikalen Spruch –
mein Sehnen ist nicht nur Gesuch!
Ich will die Zärtlichkeit zurück,
die mir gebracht hat höchstes Glück.
Möcht' wieder für Dich zärtlich sein,
Du sollst Dich Deines Lebens freun, …

… so wie Du damals aufgeblüht,
geweckt als Frau, weil alltagsmüd',
voll' Lebenslust und Offenheit –
wie hast Du Dich auf mich gefreut!
Ich hoff', wir haben noch die Zeit
für Kärlihed – für Zärtlichkeit. ◆

Zuneigung

Liebe meines Lebens ♀

Du bist die Große Liebe meines Lebens –
Du bist das Ziel, die Richtung meines Strebens.
Indess' ich Tag für Tag so nah Dir bin,
scheinst Du so fern mir – spürst Du noch den Sinn?

Dir gilt die Sehnsucht ja so vieler Jahre –
auch wenn der Äther schweigt und ich erfahre,
was Warten heißt und Hoffen und Vertrauen –
kaum Zeichen gibt's, auf die ich könnte bauen.

Du bist noch immer meines Lebens Bogen,
der spannt sich, auf so lange Zeit bezogen,
von unsrer ersten Liebe Anbeginn
in ferne Zeit – solang' gesund ich bin.

Dir hab' ich mich genähert und verbunden,
hab' einen seelverwandten Mann gefunden.
Und klingt dies' alles wie ein Monolog –
für mich ist's Heimkehr, Zwiesprach', Dialog.

Du bist die große Chance für mein Fühlen,
mit Dir gab's kein Probieren oder Spielen.
Bin glücklich, Dich so tief im Herz' zu haben
als beste, höchste von des Schicksals Gaben.

Für dies', mein Leben, bleibst Du stets die Klammer,
die ganz umspannt des Tages Glück und Jammer,
zusammenhält die Pläne und die Träume,
verbindet alte und ganz neue Räume. ▸

Zuneigung

Du bist nun einfach Alles für mein Leben,
Du hast mir – ungewollt? – so viel gegeben:
So viel Erkenntnis, Fühlen, Sehnen, Lieben –
wie ziellos wär' ich ohne Dich geblieben!

Du bist zugleich das Rätsel meiner Zeit:
Von Dir getrennt, nur fühl', mutmaß' ich heut':
Wie gut's Dir drinnen geht, lass' ich mal offen –
dass Du ganz glücklich bist, kann ich nur hoffen.

Du rufst die besten Kräfte in mir wach:
Ich pfleg', beweg' mich, höre, frage nach,
versuche, konsequent und klar zu denken
und manchen Leuten Mut und Trost zu schenken.

Du bist der Mensch, für den ich alles gebe,
ich alles lasse und mit dem ich lebe,
ganz gleich, ob dort, ob hier und wie und wann –
wenn ich nur einfach für Dich da sein kann.

Du bleibst die Große Liebe meines Lebens –
weil Du dies weißt, lieb' ich nicht mehr vergebens –
wenn auch verstreichen dürre Jahre ohne Zahl,
bis Du Dich meldest – so, wie schon einmal ... ◆

Zuneigung

Ich such' Dich ♂

Ich such' Dich schon so lange
in jeder andren Frau,
ich forsch' nach Deinen Worten,
wie auch nach Dir ich schau',
such' Wege Deines Lebens,
such' Spuren Deiner Liebe –
das alles wär' vergebens,
wenn ich nicht treu Dir bliebe.

Ich frag' an manchen Tagen,
ob ich der Richt'ge bin
für Dich – ob wir es wagen –
nur dann macht's für uns Sinn.
Nur dann sollst Du mich rufen,
Dir Glück und Ruh' zu bringen –
wenn Du für mich empfindest,
kann unser Traum gelingen.

Oft bin ich wieder sicher,
Du solltest nehmen mich:
Mit Vielem, was ich tue
und was ich fühl' für Dich,
kann ich Dich glücklich machen,
mit Vielem, was ich bin –
ich liebe Dich und gehe
mit Dir durch Dick und Dünn! ▶

Zuneigung

Du kannst Dich wohl erinnern:
Ich bin kein Durchschnittsmann,
steh' wach und fit im Leben
und wenn ich pack' was an,
dann bleib' ich dran in guten
so wie in schlechten Zeiten,
hab' Einiges zu bieten
an Geist und Fähigkeiten.

Ich „großer kleiner Junge"
bei Dir nur Ruhe find'.
Hab' meine weiche Seite,
ich spür' sie wie ein Kind,
das lachen möcht' und weinen
und spielen, fühlen, leben –
dass Du mich führst und schützest,
auch das ist mein Bestreben.

Spür' immer noch im Herzen
die große Zärtlichkeit,
die wir erlebt gemeinsam
in jener heißen Zeit,
die damals Dich so glücklich
und so lebendig machte,
als unsre Körper sprachen
und keiner weiterdachte. ▶

Zuneigung

Fühl' Dich in meinen Händen
und denk' an jene Zeit,
als wir einander fanden
in dieser Innigkeit –
auch wenn wir oft uns trafen,
es schien uns viel zu selten:
Sanft fügten sich zusammen
in uns zwei schöne Welten.

Ich wünsche uns von Herzen,
Du fänd'st in mir den Mann,
der diese beiden Welten
erneut beleben kann.
Ich geb' sie nicht verloren,
so lang' wir beide leben,
auf dass Du lebst im Reinen,
im Nehmen und im Geben.

Und was wird aus den Welten,
die räumlich uns noch trennen?
Die Antwort heißt: Ich komme,
zu Dir mich zu bekennen!
In meinem Lebenskreise
fühl' ich mich nicht gefangen,
zu groß sind meine Sehnsucht
nach Dir und mein Verlangen. ▶

Zuneigung

Bin wieder ganz flexibel
und für Dich da und frei,
kann jederzeit verreisen,
wie lang's auch immer sei –
mein Haus bestellt, die Gelder
geregelt ohne Zwang,
bin nicht mehr angebunden,
spür' eher Sturm und Drang.

Dies' Heim, mir lieb und teuer –
es ist mein bestes Stück,
wenn ich allein soll leben,
find' hier ich manches Glück.
Es ist die Burg, die Zuflucht,
die mir zum Leben bleibe,
derweil mit schönen Dingen
die Zeit ich mir vertreibe.

Sollt'st aber Du mich rufen,
so wird's ein Ferienhaus,
die lieben Nachbarn wachen,
sie kennen gut sich aus.
Ein Haus, das ich verlassen
und mal besuchen kann,
es wird ihm nichts passieren,
ich pfleg' es dann und wann. ▶

Zuneigung

Mit Allem umzuziehen,
das lehn' ich dankend ab –
das ganze Zeug bleibt stehen,
geh' ich ins Seemannsgrab,
denn meine Sachen bleiben,
wie hier sie sind, in Ruh' –
will Niemand's Last mehr werden
mit Krimskrams noch dazu!

Den besten Mann auf Erden
von Herzen wünsch' ich Dir,
der Dir als Gast zur Seite
mit Takt steht und Gespür –
der leicht wie eine Feder
und standfest wie ein Baum
mit allen seinen Gaben
Dir wahr macht manchen Traum.

Ich such' mein ganzes Leben
und will doch Dich genau,
hab' mich für Dich entschieden,
such' keine andre Frau!
Erwart' des Schicksals Winken,
hab' Dich schon lang' gefunden
und hoff', mit Dir zu leben –
Jahrzehnte – Nächte – Stunden. ◆

Alles anders ♀

Wie oft hab' kritisch ich verglichen
mein Schicksal mit dem andrer Paare –
ob lebend oder längst verblichen –
in deren Weg gesucht das Wahre.

In keinem Buch, in keinem Drama,
in keinem Film, nicht im Roman –
kein Einzelfall, kein Panorama –
in keinem Schicksal traf ich an,…

… was wir erlebt in vielen Stunden,
was wir gesucht mit Herz und Seelen –
doch nirgends hab' ich sie gefunden,
zu unsrem Weg die Parallelen.

So sag' ich heut', ich glaub', ich kann das:
Auf unsrem Weg ist alles anders!

Warum glaub' ich an unsre Chance –
wo sie so unwahrscheinlich scheint –
glaub' ich bewusst und nicht in Trance,
dass Gott uns eines Tags vereint?

Drei Dinge sind's, die stark mich machen,
mir geben Mut und Sicherheit –
das sind, vor andren schönen Sachen,
Dein Wesen, Liebe und die Zeit.

Dein Wesen ist mir so vertraut
aus Blicken, Worten, Briefen, Taten –
in Dich hab' ich so gern geschaut –
Dein Wesen kannst Du nie verraten. ▶

Zuneigung

Und Deine Liebe, groß und tief,
sie ist bestimmt nie ganz gestorben
und als ich wieder nach Dir rief,
hast Du erneut um mich geworben.

So sag' ich heut', ich glaub', ich kann das:
Auf Deinem Weg ist alles anders!

Nein, meine Liebe war nie tot,
ich hab' sie nur zur Ruh' gebracht,
sonst hätt' sie ernsthaft mich bedroht,
hätt' mich vor Sehnsucht krank gemacht.

Ich glaub' an unser beider Liebe,
so unterschiedlich sie auch sei –
gemeinsam sie am Leben bliebe,
wenn wir es wollen, alle Zwei.

Ich weiß, es ist doch nie zu spät,
dem Andren eine Chance zu geben,
zu schauen, wie es mit ihm geht,
und Gast zu sein in seinem Leben.

Dass Du für mich verloren bist,
kann heute ich nicht wirklich glauben –
dass da kein bisschen Glut mehr ist,
könnt' Atem mir und Sinne rauben.

So sag' ich heut', ich glaub', ich kann das:
Auf meinem Weg ist alles anders! ▶

Zuneigung

Weil ich Dich kenn' und weil Du sagtest,
ich sei ein Teil von Deinem Ich –
wenn frei Du wärst und es dann wagtest,
so könnt'st Du wieder lieben mich.

Wie hast Du diesen Teil ersetzt,
als fort ich musst' aus Deinem Leben –
hast *sie* noch höher eingeschätzt?
Die Antwort solltest mir mal geben!

Vielleicht blieb dieser Teil dann leer,
hast Du ihn mühsam stillgelegt,
ihn abgeschaltet, fühlst nichts mehr,
wo sich in Dir so viel bewegt?

Mir bleibt's ein Rätsel, wie Du heut'
Dein Leben, Deinen Weg gestaltest –
hast Du es nicht auch mal bereut,
dass Du Dein Glück so streng verwaltest?

So sag' ich heut', ich glaub', ich kann das:
Auf Deinem Weg ist alles anders!

Denn Du bist anders als die Andern
und ich bin anders als so Viele –
das weiß ich nach so langem Wandern
durch Höh'n und Tiefen der Gefühle.

Vor allem ist es doch die Zeit,
die mich von Andren unterscheidet:
Obwohl für Dich so lang' bereit,
ist mir die Sehnsucht nicht verleidet. ▶

Zuneigung

Roméo, Julia starben bald,
die Königskinder mussten gehen,
selbst Pyramus verzagt' am Spalt,
Johann gab's auf, die Stein zu sehen.

Kein Drama währt' so viele Jahre,
geschweige denn ein Leben lang,
doch ich, bevor mich trägt die Bahre,
bin, Dich zu wollen, noch nicht bang'.

Und Du? – Romantik, Fühlen, Glück,
die Du so reich empfunden hast,
sie alle kommen mal zurück,
wenn von Dir abfällt manche Last!

So sag' ich heut', ich glaub', ich kann das:
Für Dich und mich wird alles anders! ◆

Zuneigung

Traumbild ♂

Dass mich Dein Traumbild so beglückt,
hat ganz reale, gute Gründe,
das heißt, ich wär' nur dann verrückt,
wenn es auf Illusionen stünde.

Doch fußt es ja auf vielen Jahren,
auf Worten, Taten, Augenblicken,
auf Briefen, die so herzlich waren,
dass sie mich heut' noch tief beglücken.

Was war, ist keine Illusion,
es ist real geschehen.
Das zu erhalten wag' ich schon,
auch wenn Jahrzehnt' vergehen!

Und wenn ich Sehnsucht hab' nach Dir,
dann gilt sie nicht dem Bild allein –
die Frau von heut' seh' ich vor mir:
Du kannst nicht ewig Dreißig sein!

Möcht', wie Du bist, Dich neu erlernen,
was Du mir preisgibst, möcht' ich sehn –
ich such' Dich gar nicht in den Sternen,
möcht', wenn Du willst, Dich heut' verstehn.

So ist Dein Traumbild nur die Brücke
zu Deinem Herz' in dieser Zeit –
wie schön, wenn doch sich schließt die Lücke –
ich selbst bin Stund' um Stund' bereit. ◆

Zuneigung

Ich leb' mit Dir ♀

Ich leb' mit Dir und bin Dir nah,
Du lebst für *sie* und bist nicht da.
Ich red' mit Dir, Du schweigst mich an –
und doch bin ich Dir zugetan.

Ich denk' an Dich in Traurigkeit
des Tags, bei Nacht, zu jeder Zeit,
in der ich ganz ich selber bin –
die Stille zieht mich zu Dir hin.

Ich träum' von Dir, wie Du mal warst,
und hoff', dass Du Dich offenbarst,
wenn Du Dein Leben ändern solltest
und Deinen Weg erneuern wolltest.

Weißt viel von mir – ich nichts von Dir,
mir bleiben Ahnung und Gespür –
doch Deinen Kern glaub' ich zu kennen,
Dein Wesen darf vertraut ich nennen.

Du fürchtest wohl: „Das bin ich nicht –
bin nur ein Mensch, kein Traumgedicht!
Du siehst mich immer noch verklärt,
ganz irreal – das ist verkehrt!"

Das tu' ich nicht – ich seh' ganz klar,
dass früher Vieles anders war –
möcht' deshalb neu Dich kennenlernen,
mich nicht real von Dir entfernen. ▶

Zuneigung

Hab' Kraft und Neugier noch genug,
kann hüten mich vor Selbstbetrug
und hätt', auch ohne Sturm und Drang,
mit Dir den besten Neuanfang.

Wenn's hart auch klingt: Bist Du allein,
wird's anders Dir zu Mute sein:
Die Stille lässt Dich neu besinnen,
horchst mehr in Dich, kehrst Dich nach innen.

Vielleicht bist Du dann mehr geneigt,
wenn Frau für Dich Int'resse zeigt –
womöglich denkst Du auch an mich,
so nebenbei, gelegentlich?

Hab' ich Dir je was angetan,
sagt' ich was Schlimmes irgendwann?
Hab' ich Dich jemals angelogen,
enttäuscht, verletzt, wohl gar betrogen?

Vielleicht hältst Du schon lang' bereit
zu mir die Ausweichmöglichkeit –
'ne attraktive, gute Frau,
die Glück Dir bringt, patent und schlau?

Sie zu verfluchen, liegt mir fern,
wenn Du sie liebst – ich wüsst's nur gern!
Dass ich Dich säh' in guten Händen,
könnt' manche Sorge mir beenden. ▶

Zuneigung

Man sagt mir, „endgültig beendet"
bedeutet: „Alle Müh' verschwendet –
lass ab von ihm, schau neu dich um,
eh' du bist alt und krank und krumm!"

Ich sage: „Wie die Dinge stehen …
zur Zeit, kann gar nichts weitergehen,
doch für „endgültig" ist's zu früh,
auch wenn er lebt allein für sie!"

Zum Glück, die Zeiten ändern sich
und nur der Tod zieht einen Strich –
denn erst, wenn Eines von uns geht,
dann ist es hier für uns zu spät.

So leb' ich heut' ein gutes Leben
und still zu lieben kann mir geben,
was mir das Schicksal vorenthält:
Dir nah zu sein in Deiner Welt. ◆

Innehalten

Grübelei ♂

So viele Mal', so viele Stunden,
hab' ich mal „nach-", mal „vor-"empfunden,
hab' mich gefragt, hab' mich gequält,
was Du wohl fühlst; ob *der* noch zählt,
der einst so wichtig war für Dich
und der heut' grübelt, ganz für sich.

So, nicht einmal mit Postverbindung,
fehlt ihm die leiseste Empfindung,
was Du für ihn noch übrig hast,
im Alltag, mit des Lebens Last,
mit Deiner Purzels Widrigkeiten,
die Sorgen Dir genug bereiten.

Hab' über Dich so oft gegrübelt –
zwar Dir Dein Schweigen nie verübelt,
doch alles wäre halb so schwer,
wenn nur ein kleiner Austausch wär':
Zu wissen mehr von Deinen Wegen,
daran ist mir so sehr gelegen!

Du magst Dich schütteln, magst Dich schämen,
magst gruseln Dich und magst Dich grämen,
indem Du denkst: "Verrückt, der Mann –
was geht er mich denn heut' noch an?"
Was Du aus allen Zeilen lernst:
Das ist kein Spaß – es ist mein Ernst! ▶

Innehalten

Ich bin glasklar, bin Realist
und weiß, wie weit entfernt Du bist.
Ich tick' noch richtig, bin gesund
und nicht gefallen auf den Mund.
Doch Realismus, das ist eben
die eine Seite nur im Leben.

Es gibt da noch die weiche Seite,
die ich zu haben nie bereute,
und diese Seite steht dir nah',
seitdem ich Deine Liebe sah
mit Augen, die dich besser sehen,
als Unbeteiligte verstehen.

Und so hab' ich ein Bild von Dir,
von Deinem Innern, das einst mir
vertrauend sich geöffnet hat,
als tief ich in Dein Leben trat.
Auch wenn ich Dich nie ganz besessen –
ich kann Dich einfach nicht vergessen! ◆

Über die Große Liebe ♀

du liebst
und irgendwann
vielleicht
wird deine Liebe
die Große Liebe

sie ist ein Wesen
das in dir wohnt
ein Teil deines Wesens

sie ruht in sich
und lebt durch sich
durch ihre Stetigkeit
Unerschütterlichkeit
und durch die Zuversicht
dass sie die gemeinsame Erfüllung finden wird

und findet sie sie nicht
im gemeinsamen Glück
so ist schon fast Erfüllung
der Großen Liebe
dass sie existiert
dass sie lebt

sie wärmt dich
sie macht dich stark
sie begleitet dich überall hin –
so bist du nie einsam

sie verbindet dich mit deinem Gott
dem du vertraust
der sie dir schenkt zu treuen Händen
der sie und dich beschützt ▶

Innehalten

sie weckt alle guten Kräfte in dir –
du wächst in deinem Menschsein
sie gibt dir Richtung
sie steuert dein Streben über alle Zeit hinaus

die Große Liebe
lebt von der ruhigen Erwartung
so gibt sie deinem Leben Sinn …
kein Tag ist mehr wie der vergangene –
jeder neue Tag
bringt ihrer Erfüllung eine neue Chance

die Zeit steht still
und bringt doch unzählige neue Tage …
die ruhige Erwartung hält dich am Leben
und in Bewegung –
sie lässt dich nicht resignieren und nicht alt werden

die Große Liebe
lässt den geliebten Menschen
wachsen und blühen bis zur Vollkommenheit
sie erhöht sein Wesen und seine Fähigkeiten
über das Menschenmögliche hinaus –
und doch weißt du
dass nur du ihm diesen Wert gibst

kann ein Mensch einen größeren Wert
erlangen als durch die Liebe?

die Große Liebe –
ein Versuch der Vollkommenheit –
ein Schritt zum echten Menschsein –
ein Hauch von Ewigkeit … ◆

Fair ♂

Ich denk, Du bist unglaublich fair –
wo nähmst Du sonst die Kraft wohl her,
so lange Zeit Dir treu zu bleiben
und Deine Ehe zu betreiben,
indem Du nicht das große Glück,
viel mehr vom kleinen suchst ein Stück.

Ganz sicher hast Du gute Gründe,
die ich wohl kaum alleine finde –
vielleicht hilft mir die Fantasie,
der Zufall oder Poesie,
mich Deinem Denken zu verbinden
und Deinen Weg herauszufinden.

Vielleicht bin ich Dir längst egal,
an mich zu denken, ist Dir Qual –
solang' Du unsre Zeit verdrängst
und nicht an der Erinn'rung hängst,
geht alles den gewohnten Gang,
gemächlich, ohne Sturm und Drang.

Vielleicht lässt Du nichts von Dir hören,
um meine Ehe nicht zu stören?
Das wär' vergeblich' Liebesmüh' –
so viel Probleme spät und früh,
so viele Unterschiedlichkeiten,
die Sorgen ihr und mir bereiten! ▸

Innehalten

So fair und klar war auch Dein Wort,
das in mir hallt noch fort und fort,
dass ich besäße keine Chance,
solang' die Dinge in Balance.
Das war zwar hart, doch zu verstehen:
Nur meine Wege soll ich gehen!

Das tu' ich auch seit dieser Zeit,
ich investier' und bin bereit,
die Stellung hier so lang' zu halten
und sie nach Kräften zu gestalten,
bis sich ergibt ein neues Leben,
für das ich kann mein Bestes geben.

Bewusst halt' ich mein Leben offen,
lass' doch nicht ab, auf Dich zu hoffen.
Versprech' Dir's in die kleine Hand:
Du bist ins Herz mir eingebrannt,
noch fester, tiefer, Jahr für Jahr –
genug Zeit, mich zu prüfen, war!

So bleibst Du mir allgegenwärtig,
mit Dir werd' ich wohl niemals fertig!
Vergeud' ich aber meine Kraft,
zu schmoren so im eignen Saft,
dreh' ich mich denn auf diese Weise
mit Herz und Kopf doch nur im Kreise? ▶

Innehalten

Nein – denn von Kreis zu Kreis wird klarer
und mir im Herzen offenbarer,
es hinzuschreiben, was ich fühl' –
das gibt mir Kraft, das ist kein Spiel!
Als Text bekommt mein Traum Gesicht
und Wort für Wort erhält Gewicht.

So fair wie Du möcht' gern ich sein,
will stets Dir schenken reinen Wein.
Seit unsre Liebe angefangen,
hast Du mich niemals hintergangen.
Bleib' wie Du bist, bei Deiner Fairness –
so bleibt erspart mir manch' Beschwernis. ◆

Innehalten

Wenn ich erzähl' ♀

Wenn ich erzähl' aus meinem Leben,
kommt ziemlich bald die Sprach' auf Dich –
will ich den Freunden etwas geben,
dann das, was wirklich zählt für mich.

Wenn ich was sag' von Dir und mir,
denk' ich zunächst, ich sollt's nicht tun –
was denken sie von mir und Dir,
warum lass' ich nicht alles ruh'n?

Wenn ich erzähl' von Dir so frei,
was Du mir warst und bist noch heut',
dann frag' ich mich so nebenbei,
ob man sich auch mal mit mir freut?

Denn ich erzähl' von uns so gern,
weil es mich froh macht, stark und frei –
auch wenn Du still bist und so fern,
ich meine Sehnsucht nicht bereu'.

Und wenn ich sprech' von Dir als Mann,
von Deinem Wesen, Deinem Handeln,
so Mancher das nicht glauben kann,
sagt, dass wir nie gemeinsam wandeln.

Wenn ich beschreibe unsren Weg,
wie lang und einzig er schon war,
die Meisten warnen: „Überleg',
ob du willst warten noch mehr Jahr'!" ▶

Innehalten

Wenn ich dann sag', ich fühl' mich gut
und leide nicht trotz dieser Lage,
glaubt Mancher nicht, wie gut es tut,
dass weiter ich zu hoffen wage.

Denn ich denk' Tag und Nacht an Dich,
das kann so leicht mir niemand rauben –
ja, Du bist Sinn und Ziel für mich,
an Dich werd' ich noch lange glauben.

Wenn ich erzähl', dann nicht zum Spaß –
zu ernst ist mir mein Weg zu Dir –
auf Dich ist immer noch Verlass,
das spür' ich trotz geschloss'ner Tür.

So oft ich sprech' von meinem Traum,
wird er lebendig und real –
auch wenn Du träumst von uns wohl kaum –
bin Dir wohl eher eine Qual.

Wenn ich erzähl von Dir ein wenig,
kommt mir ein Märchen in den Sinn:
von der Prinzessin, ihrem König,
und dass sie ihn am End' gewinn'.

Denn schließlich fühl' ich Dich in mir –
in unsrer Liebe, meinen Träumen
ich mich doch selbst am besten spür' –
zu lieben werd' ich nicht versäumen! ◆

Innehalten

Feiertage ♂

Für Liebende der Zweiten Reihe –
weil ihre Sehnsucht nicht legal,
so sehr der Alltag sie erfreue –
sind Feiertage eine Qual.

Der Werktag ist ein rechter Segen:
Ist Vater fort, hat Mutter Luft,
wenn sich in ihr Gefühle regen
und alte, neue Sehnsucht ruft.

Wie glücklich sie am Anfang war,
wie gut mit Jenem es begann –
jetzt fühlt sie sich als Inventar:
Sie macht die Wirtschaft für den Mann.

Der Tag ist lang, das Kind zufrieden,
der Haushalt ist mit Links getan.
Sie fragt sich: Was ist mir beschieden,
damit zu mir ich finden kann?

Da kommt daher ein andrer Mann,
der leis' sich in ihr Fühlen schleicht,
der Zeit hat, sie verstehen kann
und ihrem „Alten" wenig gleicht.

Er selbst ist leider auch gebunden,
doch kriselt's stark in seiner Ehe –
trotz etlicher Versöhnungsrunden
fehlt ihm die Heimat und die Nähe. ▸

Innehalten

So wird ihr Tag mit Glanz belebt,
sie treffen sich, wann immer möglich –
wenn er sie sieht, sein Herz erbebt,
sie möcht' ihn spüren möglichst täglich.

Ja, wär'n da nicht die Feiertage,
an welchen jede Arbeit ruht –
da ist ihr Mann, ganz ohne Frage,
im trauten Heim – das tut ihm gut.

Familien sind dann stets zusammen,
der Mann gehört zu Frau und Kind,
die Mutter schlüpft in ihren Rahmen
und tut, was ihre Pflichten sind.

Das ist die Saure-Gurken-Zeit
für manche wunderbare Liebe –
man stürbe schier in Einsamkeit,
wenn es bei Feiertagen bliebe!

An solchen Tagen denkt *Er* oft
zu *Ihr* hinüber, was sie macht,
ob's gut ihr geht, ob unverhofft
sie auch an ihn mal hat gedacht.

So sagt er still Jahrzehnte schon,
besonders zur Sylvesternacht,
drei Worte ihr – der Zeit zum Hohn –,
die ihm das größte Glück gebracht. ◆

Innehalten

Tagtraum ♀

Es könnt' ja sein, dass nach den Jahren,
die jedes unser Leben waren,
die Zeit kommt mit der Möglichkeit,
dass wir sind offen und bereit,
mal nach dem Anderen zu sehen
und aufeinander zuzugehen.

Könnt' es denn sein, dass wir uns trennen,
uns nicht mehr so wie früher kennen,
nicht mehr vertraut sind und verbunden –
enttäuscht vom Leben, arg geschunden?
Wozu wir hätten mitgetragen
der Partner Leben, Müh' und Plagen?

Es muss nicht sein, dass Du verzagst,
nur noch alleine bleiben magst,
nach aller Trauer müde bist,
am liebsten manche Zeit vergisst:
Mit Jahr und Tag, und Stück für Stück,
kommt Deine Lebenskraft zurück!

So könnt' es sein:
Erwacht und frei, ein neues Leben vor Dir sei,
ein neuer Weg bringt neuen Sinn –
ich wär' Dir gern Begleiterin:
Wie nah, wie locker, in der Stille –
den Weg, den Ort, bestimm' Dein Wille! ▸

Innehalten

Es könnt' dann sein, dass wir uns finden,
was neu in uns ist, zu ergründen –
nicht töricht greifen nach den Sternen –
einander besser kennen lernen.
Mit Vorsicht und Besonnenheit
uns schenken Ruhe, Raum und Zeit.

Es könnt' ja sein, dass mit der Zeit
wächst unsere Verbundenheit,
dass wieder mehr Du für mich fühlst
und mich doch gerne haben willst,
am Ende mich ein wenig liebst,
die alte Zärtlichkeit mir gibst?

Bleibt's nur ein Traum?
Was könnte sein, was wird wohl sein –
's weiß Gott allein. ◆

Innehalten

Johann und Lotte ♂

Will mich mit Goethe nicht vergleichen –
von seinem Geist mich trennen Welten –
um seine Dichtkunst zu erreichen,
verspür' ich sein Genie zu selten.

Jedoch fühl' ich mich ihm verbunden
und steh' mit ihm auf Augenhöhe:
Was er für Lotte hat empfunden,
fühl' ich für Dich, trotz Mann und Ehe!

So viele Jahr' er Briefe schrieb,
sich sehnte, litt, Geschenke machte –
was ihm nach knapp 10 Jahren blieb,
war nicht das Glück, das er sich dachte.

Er reiste nach Italien ab –
enttäuscht, beschäftigt, abgelenkt –
und vorher schwieg er wie ein Grab,
dass Lotte sich nichts Böses denkt.

Hier endet die Gemeinsamkeit,
die mich mit Goethes Weg verbindet:
Mir tät's um meine Liebe leid,
wenn sie ein solches Ende findet.

Denn erstens lebt sie schon viel länger
als Goethes Sehnsucht nach Frau Stein
und zweitens sind die Bande enger,
die mich bestärken, Dich zu frei'n. ▶

Innehalten

Ja, drittens, unsre Altersstufe
und die Erfahrung vieler Jahre
erlauben andre Lebensrufe –
vergleicht man diese beiden Paare.

Zu guter Letzt der vierte Grund,
der mich erfüllt mit Zuversicht:
Wir beide leben noch zur Stund –
Johann und Lotte tun das nicht! ◆

Innehalten

Reflexion ♀

Dichten – warum tu' ich das?
Nur weil's schön ist, so zum Spaß?
Kann's nicht auch geschrieben sein,
ohne Reim, nur Text allein?

Warum schreib' ich so viel auf,
schild're der Gedanken Lauf –
ist denn das noch ganz normal,
hab' ich keine andre Wahl?

Doch – die Wahl, zu schweigen nur,
still zu sein rund um die Uhr,
alles in mich reinzufressen
oder alles zu vergessen …?!

Nein – Vergessen wäre schlecht,
auch Verdrängen mir nicht recht –
so viel Liebe wär' verloren,
grad' als wär' sie nie geboren.

All das Schöne, auch das Schwere,
auf den Müll, als ob nichts wäre?
Dies hieß' nur, mir vorzumachen,
alles seien tote Sachen.

Totes in mir macht' mich krank –
doch „es" lebt ja – Gott sei Dank! –
weil ich „es" lebendig halte
und mein Leben gut gestalte. ▶

Innehalten

Hoff' nur, *ihm* ging's ebenso,
dass er fühlt sich frei und froh.
Sollt' ihm das, in vielen Dingen,
nicht auch ohne mich gelingen?!

Statt zu schweigen und zu grübeln:
„Darf sein Nein ich ihm verübeln?"
sag' ich mir: Gott wird's schon richten –
zwischendurch lässt er mich dichten.

Schreiben, Dichten macht mich frei –
werd' was los, behalt's dabei!
Reflektieren, Fühlen, Denken
können Kraft und Mut mir schenken. ◆

Innehalten

Identität ♂

Ein Selbstgefühl in uns entsteht,
wenn wir uns selbst als Ganzes spüren.
Wir nennen es Identität –
Gefühle, die zum Kern uns führen ...

... zum unverwechselbaren Kern,
in dem wir unser Ich empfinden,
das uns mal nah ist und mal fern
bei guten Taten oder Sünden.

Das Ich, aus dem heraus wir leben,
entscheiden, lieben, leiden, hassen,
aus dem heraus wir Antwort geben,
das Eine tun, das Andre lassen.

Wie ist Identität entstanden –
von ganz allein, so über Nacht?
War bei Geburt sie schon vorhanden,
hat jemand sie mir erst gebracht?

Mir scheint, es gab sie nicht sogleich,
sie wuchs erst nach den Jugendjahren:
Durch das Erleben wurd' ich reich,
durch andre Menschen erst erfahren.

Ganz langsam hab' ich mich gefunden,
durch „in-mich-horchen", ganz befreit,
vor allem wohl in schweren Stunden –
such' weiter mich in dieser Zeit. ▶

Innehalten

Doch fühl' ich mich schon viel zu lange
nicht mehr als Ganzes, nicht als Einheit –
mir fehlt ein Teil, das macht mich bange,
und der ist nicht nur eine Feinheit.

Den besten Teil von meinem Ich
hab' Dir allein ich einst gegeben –
darum so sehr vermiss' ich Dich,
die ich ersehnt' ein halbes Leben.

Denn unsre Liebe, Deine Nähe
und alles, was uns einst verbunden,
ich heut' wie gestern vor mir sehe –
die schönen und die dunklen Stunden.

Ich merk' so oft, wie gut sie war,
obwohl die Zeit so lang' vorbei –
ich spür' sie in mir, Jahr für Jahr,
komm' nicht von jenen Jahren frei.

Und dies' Erleben, festgebrannt
in meinem Ich – trotz vieler Schranken,
die oft uns trennten, Meer und Land –
dies alles hab' ich Dir zu danken.

So, wie Du sagtest: „Nichts vergessen –
was wertvoll ist, noch lang besteht!"
Ich hab' bis heute es besessen
und fühl' es als Identität. ▶

Innehalten

Die Wunde schmerzt, die Du gelassen,
weil Du es musstest, ohne Schuld –
ich kann es manchmal kaum noch fassen,
woher mir zuwächst die Geduld – …

… Geduld, an guten Sinn zu glauben,
die mich beseelt, die fortbesteht –
sie kann so leicht mir niemand rauben,
auch sie ist mir Identität. ◆

Sprüche ♀

Es gibt, und gab zu allen Zeiten,
die gern gehörten Volksweisheiten.
Grundsätzlich sie durchs Leben führen – – –
auch Uns? – das sollt' mich int'ressieren:
Entdeck' ich endlich mal die Regel,
nach der ich setzen kann mein Segel,
die mir erklärt, wohin es geht
und wie's um unsre Liebe steht?

Die erste Weisheit lautet schlicht:
Noch etwas Kält'res gibt es nicht
als eine tote Liebe – denn,
da hilft kein Aber und kein Wenn,
ist eine Liebe mal entschwunden,
dann wird sie niemals neu gefunden.
Gilt dies für Dich, vielleicht für mich?
Das will ich wissen, unterm Strich!

Was Dich betrifft und unsre Liebe,
sie sicher nicht am Leben bliebe,
wenn Du wärst anders – kalt und hart –
und hätt'st mit Schlägen nicht gespart,
die mich verletzen, treffen sollen,
nichts Gutes an mir lassen wollen.
Doch Du bist kein so schwacher Mann,
der nur noch um sich schlagen kann! ▶

Innehalten

Der zweite Spruch gilt mehr für mich,
ist wohl nicht relevant für Dich:
*„Das Mächtigste im Weltgetriebe
ist eine ungelebte Liebe"*
Das Mächtigste – da stimm' ich zu,
ist meine Liebe, die bist Du!
Doch „ungelebt" weis' ich zurück –
auch weit entfernt bist Du mein Glück.

Mein Dasein ist auf Dich gerichtet –
aus inn'rem Drang hab' ich gedichtet,
hab' meiner Liebe Raum gegeben,
hab' sie erfüllt mit Lust und Leben.
Hab' sie in Wort und Vers gefasst –
so ist sie Freude und nicht Last.
Doch nicht nur Worte sind mein Glück,
ich schau' nach vorn, nicht nur zurück.

Ich hab' ein gutes, klares Leben,
erwache, handle – freu' mich eben,
den Alltag nicht nur zu verwalten,
ihn vielmehr glücklich zu gestalten.
Vor Augen hab' ich stets mein Ziel,
dass ich gewinn' des Schicksals Spiel,
dass Du wirst frei und mir geneigt,
so wie Du mir Dich einst gezeigt. ▶

Innehalten

Was ich empfinde, was ich denk',
wie sehr ich fühl' Dich als Geschenk,
wie klar den Weg ich vor mir sehe,
den Weg zu Dir, in Deine Nähe –
das alles soll Dich nicht belasten,
ich werd' nicht drängen und nicht hasten,
werd' schweigen, hoffen, nehmen, geben
und „ungelebte Liebe" leben!

Hat wohl ein dritter Spruch Gewicht?
Denn *Alte Liebe rostet nicht* –
so sagt man gern und wundert sich,
vor Neid gibt's Manchem einen Stich,
wenn Zwei erneut zusammenfinden,
in Lieb' und Treu' sich wieder binden;
obwohl die Herzen lange schwiegen,
sie jetzt sich in den Armen liegen.

Denn das geschieht nicht von allein –
es muss schon 'was Besond'res sein,
was da passiert' vor vielen Jahren,
als Zeit und Umständ' anders waren.
Nur echte Liebe, tief von innen,
lässt sich erneut zurückgewinnen,
die niemals hat sich abgewendet
und deshalb auch nicht spurlos endet. ▶

Innehalten

So trifft der erste Spruch nicht zu,
vor seiner „Weisheit" hab' ich Ruh':
Ganz tot ist Deine Liebe nicht,
sie schlummert tief, aus meiner Sicht.
Der Zweite aber stimmt zum Teil,
so mächtig bist Du für mein Heil:
Ersehn' Dich ganz mit Fleisch und Blut
und doch leb' ich auch „ohne" gut!

Der dritte Spruch mich wundert nicht,
weil er dem ersten widerspricht.
Denn wie ich es an mir erlebe,
wenn der Erinn'rung Raum ich gebe,
dann ist von allen meinen Lieben
doch stets ein warm' Gefühl geblieben:
Hatt' Wer erreicht mein's Herzens Grund,
blieb dort er bis zur heut'gen Stund'.

Des Volkes Weisheit muss versagen
in ganz speziellen Lebenslagen.
Was im Normalfall kann geschehen,
lässt sich durch Sprüche wohl verstehen.
Doch hier in meinen Liebesdingen
kann nur Entspannung mir was bringen.
Ich lehn' gelassen mich zurück –
wenn Gott es will, find' ich mein Glück! ◆

Abschiede ♂

„Der Brief, den du geschrieben,
er macht mich garnicht bang,
du willst mich nicht mehr lieben,
aber dein Brief ist lang.
Zwölf Seiten, eng und zierlich!
Ein kleines Manuskript!
Man schreibt nicht so ausführlich,
wenn man den Abschied gibt."

So dichtet Heinrich Heine,
fühl' mich mit ihm verbunden.
Bei ihm hab' neu ich meine
Geduld und Mut gefunden –
den Mut, nicht aufzugeben
und Dich nicht zu verdammen,
denn Du erfüllst mein Leben –
ich wünsch', wir wär'n zusammen.

Ja, Deine Art zu scheiden
war nie ganz radikal –
Du kannst mich doch noch leiden,
bin Dir nicht ganz egal.
In keinem Abschiedsbriefe,
den Du mir schriebst und sandtest,
wenn ich ihn fühlend prüfe,
Du jemals Hass verwandtest. ▶

Innehalten

Ich wüsst' auch nicht, woher
solch' Haltung rühren könnte –
es fällt mir wirklich schwer
zu fühlen, was uns trennte:
Allein die Umständ' haben
Dich einst dazu bewogen,
dass Du all Deine Gaben
fast ganz mir hast entzogen.

Fast ganz – so lang 's Dir möglich,
hast Du mit mir gesprochen,
hast ab und zu, nicht täglich,
den stillen Bann gebrochen.
Das ließ mich ruhig leben,
ich wusste Dich zufrieden –
mehr konnt'st Du mir nicht geben,
Du hattest Dich entschieden.

Es war noch so viel Wärme
im Ton von Dir zu mir –
wenn ich auch nicht grad' schwärme
von meinem Zustand hier.
Es gab in all den Jahren
doch nie ein böses Wort –
hätt'st eins von mir erfahren,
wärst früher Du schon fort. ▶

Innehalten

In meiner Sehnsucht Drängen
tät' ich Dich gern verfluchen,
doch will ich Dich nicht engen,
will still zu sein versuchen.
Was ich Dir hab' zu sagen,
das schreib' ich lieber auf –
ich werd' Dich nicht mehr fragen,
lass' allem seinen Lauf.

So lang' ich Dich noch spür',
im Wort Dich noch entdecke,
gilt kein „endgültig" mir,
auch wenn ich kurz erschrecke.
Mit jedem Abschied leichter
wird's mir, ihn zu ertragen,
denn keiner Antwort gleicht er
zur Frage aller Fragen.

Ich glaub', die Zeit wird kommen,
in der Du einsam bist –
hab' ich den Ruf vernommen,
gibt's einen, der Dich küsst.
Wenn lang' genug ich schweige
und setze Dir nicht zu
und nicht mein' Lieb' Dir zeige – – –
kommst Du bei mir zur Ruh'! ◆

Innehalten

Vergleich ♀

Betracht' ich fühlend meine Liebe,
vergleich' mein Glück mit meinem Schmerz –
was unterm Strich wohl übrig bliebe,
so fragt erwartungsvoll mein Herz.

Gewinn für mich sind Glück und Glanz,
die ich erlebt hab' wach und klar,
doch Last war'n Ernst und die Brisanz,
die so bedrückend für uns war.

Was wird mein Fühlen wohl erbringen,
hat solch' Betrachtung einen Sinn?
Kann ich in feinen Herzensdingen
so nüchtern wichten Her und Hin?

Die Freude ganz besonders wiegt,
sie wird mir unvergesslich sein –
das Glück, das in der Freude liegt,
die wir uns schenkten einst zu Zwei'n.

Welch' Hochgefühl, wenn wir uns trafen,
wie schlug das Herz, davor, danach –
wir durften Jeden Lügen strafen,
der schnelles Ende uns versprach.

Welch' Glück, den nächsten Brief zu lesen,
zu spüren, was der Andre fühlt,
dass kein Wort ist umsonst gewesen ▶
und keiner mit dem Andren spielt. ▶

Innehalten

Welch' Freude, so geliebt zu werden,
den eignen Wert so stark zu spüren,
als Mensch, ganz einzig hier auf Erden,
den Anderen zum Glück zu führen.

Und selbst die Post durchs Telefon,
so karg und nüchtern, kurz und dürr,
Sie gab mir mehr als Emotion –
sie macht' vor Freude mich oft wirr.

Doch hab' ich nie den Ernst vergessen,
der hinter allem Schönen stand –
wir haben stets den Mut besessen,
zu schaun', welch' Zukunft uns verband.

Der Ernst tritt mit der Zeit zurück,
im Hintergrund verharrt er still –
verdrängen wir ihn Stück für Stück,
er niemals ganz verschwinden will.

Nun, recht besehen, braucht's den Ernst
als Fundament für jedes Glück,
denn irgendwann auch Du es lernst:
nur ernsthaft Fühlen kommt zurück.

Ohn' Ernst bleibt Freude oberflächlich,
das Glück kann schnell vorübergehn –
Gedanken sind nicht nebensächlich,
die voll' Verantwortung entstehn.▶

Innehalten

Vergleich' ich heute Ernst und Glück,
so ist's das Glück, das stets obsiegt –
sonst ging' kein froher Blick zurück
zu dem, was mir am Herzen liegt. ◆

Aussichten

Die Offerte ♂

Ja, Frau erhielt manch' Angebot,
da wurden ihr die Wangen rot –
besonders in den jungen Jahren
die Männer bei ihr mutig waren.

Das legte sich im Lauf der Jahre,
solch' Antrag wurde Mangelware.
Um Frau wurd's langsam still und stiller,
die Hausmannskost nur blieb als Füller.

„Ist das nun stets der Dinge Gang,
muss werden mir nun angst und bang'?
All' Attraktivität vorbei,
bleibt nur Senioren-Einerlei?"

Das muss nicht sein in jedem Falle,
dies' harte Los, es trifft nicht Alle:
Millionen warten – sie hat Glück –
da meldet sich ein Mann zurück!

Es ist schon viele Jahre her,
dass sie ihn liebte und dass er
mit ihr erlebte schönste Zeiten,
die ihrer beider Herz erfreuten.

Nun hat das Schicksal sich gewendet
und hat ihr diesen Mann gesendet,
der stets sie liebte, treu und still –
sie froh und glücklich wissen will. ▶

Aussichten

„Kann noch ein Leben mit ihm glücken?"
denkt sie, weil leichte Zweifel zwicken,
„dann sollte ich mich nicht genieren
und ihn mal wieder ausprobieren …

… so, wie ich Lust hab' – ein paar Stunden,
bis ich Vertrauen neu gefunden –
ein Wochenende oder mehr
wird zeigen, ob es sinnvoll wär'.

Ob er es ernst meint, kann ich testen,
sei's im Café, sei es auf Festen,
und macht er, tatenlos, nur Sprüche,
dann komm' ich schnell ihm auf die Schliche.

Ob er mir folgt durch dick und dünn,
zu wissen, ist für mich Gewinn –
zu leben, wo und wie ich will,
mir meinen Traum mit ihm erfüll'.

Wird er sich ganz zu mir bekennen,
vielleicht sogar sich nach mir nennen,
wenn ich's mir wünsche, und noch mehr,
wenn dann mein Leben leichter wär'?"

Solch' Vorsicht jede Frau wohl ehrt:
„Ja, ist er den Versuch denn wert?
Was hab' ich / hat er zu verlieren,
wenn wir uns trau'n, es zu riskieren?" ▶

Aussichten

Sie kann trotzdem die Ruhe wahren,
er wird sie schon nicht überfahren:
Er liebt sie, lebt in ihrem Bann,
da kommt's auf Jahre nicht mehr an.

Dies' alles hat gar keine Eile –
er wartet ja schon eine Weile,
und wer so lange warten kann,
der wartet weiter, der bleibt dran.

Weil, wie's Kaninchen vor der Schlange
er doch nicht sitzt – nein, gar nicht bange,
hält er sich fit und tut und macht –
und denkt an sie bei Tag und Nacht.

So lautet heut' sein Angebot –
er hofft, sie wird vor Freude rot!
Wenn nicht – dann muss es Schicksal sein,
dass ohne sie er bleibt allein. ◆

Schreiben ♀

Schreiben tut gut - Schreiben macht Mut.

Das Schreiben befreit,
zeigt Weg dir und Ziel,
schenkt Raum dir und Zeit,
lässt frei dein Gefühl,
hilft klar und liebevoll dir denken,
kann Kraft und Ruh' dir wieder schenken.

Das Schreiben gibt Luft –
es ist ein Ventil,
wenn Erinnerung ruft,
die bedeutet dir viel:
Dies' Paradies bleibt immer dein,
daraus vertreibt dich Gott allein.

Das Schreiben ist Spiel –
lass spielen das Kind –
im Wort sein Gefühl
die Erfüllung find't.
Behüt' das Kind in dir, gib Acht,
wenn der Verstand es traurig macht!

Das Schreiben ist Wahrheit,
denn mehr als nur Worte
verschafft es dir Klarheit.
Es öffnet die Pforte
der Seele dir zur nahen Ferne,
in die sie flög' von Herzen gerne. ▶

Aussichten

Das Schreiben stellt klar,
wenn ratlos du bist,
zwar hart, aber wahr:
„Es ist, wie es ist!"
Geduldig übe abzuwarten,
denn neues Spiel bringt neue Karten.

Das Schreiben macht Mut,
nicht nur schwarz zu sehn,
das Schreiben hilft gut,
neue Wege zu gehn.
Denn Herz und Seele kann genesen,
wenn du vergisst, was schlimm gewesen.

Das Schreiben hält fest
die Gedanken, die fliehen
wollen, wenn du sie lässt –
drum lohnen die Mühen,
sie klar und gültig hinzuschreiben,
damit sie stets lebendig bleiben.

Denn Schreiben und Dichten
in Prosa und Reimen
sind mehr als Geschichten
vom Hoffen und Träumen:
Durch Sinn und Form sind diese Werke
dir Zeugnisse von Not und Stärke.

Schreiben tut gut – Schreiben macht Mut. ◆

Aussichten

Die Ochsentour ♂

Eine Frau, ihr nah zwei Männer –
im Roman ein Fall für Kenner.
Wenn von Beiden keiner weicht,
nicht entnervt die Segel streicht,
beide diese Frau so lieben,
dass sie niemals sie betrüben
wollen, lässt sich klar erkennen:
Biologisch wird's ein Rennen!

Warten heißt die Prozedur,
die ich nenne: Ochsentour –
warten, glauben, in sich hören,
um die Liebste nicht zu stören,
bis aus irgendwelchem Grund
sie mich braucht, von Stund' zu Stund'.
Ließ sie mich auch lang' im Stich –
wenn sie „frei" ist, braucht sie mich.

Wen wird's treffen, früh ereilen,
wer darf länger noch verweilen?
Wessen Physis altert eher?
Das weiß nur der weise Seher.
Muss dann einer früher „gehn",
kann's die Liebste überstehn?
Denn sie fällt in tiefe Trauer –
niemand weissagt deren Dauer. ▶

Wer's auch sei, der ihr dann fehlt –
einst hat sie ihn sich erwählt.
Leicht hat sie's auf keinen Fall –
er wird fehlen überall.
Wird's ihr möglich aufzuschauen,
ihrem Schicksal neu zu trauen,
und, um frischen Mut zu schöpfen,
auch mal einen Sekt zu köpfen?

Dies ist ein Problem der Psyche –
was ging alles in die Brüche
in den Zeiten ihres Lebens,
die sie wünscht zurück vergebens?
Ist die Seele noch gesund,
stark und heil bis auf den Grund
oder gibt's zu viele Schatten,
die sie einst belastet hatten?

Doch da niemand kennt die Dauer
seines Lebens noch genauer,
als uns die Statistik nennt,
die uns nur als Menge kennt,
sollte sie die Jahre nutzen,
nicht die Sehnsucht traurig stutzen,
bis sie, unerfüllt, die Seele
töte, kränke oder quäle! ▶

Aussichten

Schwer wird es für alle Drei,
denn kein Sieger ist dabei.
Zwei, die bleiben hier auf Erden,
brauchen sich, um froh zu werden.
Niemals war es mein Bestreben,
solche Ochsentour zu leben –
was ich aber sicher weiß:
Das ist wahrer Liebe Preis! ◆

Aussichten

Ernst ♀

„Nimm mich ernst!"
so sagtest Du mir klar und hart,
„Lass es gut sein, gib Dich endlich doch zufrieden –
alles ist in Ordnung, halte gut verwahrt,
das, was uns das Schicksal
Schönes hat beschieden!"

Viel zu ernst hab' ich Dich offenbar genommen,
wenn ich nachgedacht und schwer gerätselt hab',
dadurch bin ich oft zu falschem Schluss gekommen,
weil in letzter Zeit es kaum Kontakte gab.

Dreimal ausgedeutet hab' ich jedes Wort,
das ich hörte oder las, um seinen Sinn
ganz zu finden, nicht zum Spaß und nicht als Sport –
tat's so lang', wie ich mit Dir verbunden bin.

Sorgen hab' ich mir gemacht um Dich und alles,
was Dich anbetrifft, umgibt, bewegt, belastet,
wollt' Dir nah sein, grad' im Falle eines Falles –
manchmal waren meine Taten überhastet.

Was ich tat und schrieb und sagte und mir dachte,
kam aus Liebe nur, war nicht, um Dir zu schaden.
Wenn ich mir um Dich so viel' Gedanken machte,
war mein Lebensbund mit Dir der rote Faden.

Such' Dich nicht, weil Du für mich bist die Trophäe,
die noch fehlt, die ich nur deshalb haben will,
sondern weil in Dir mein Glück ich sehe,
weil, fürwahr, mein Leben ohne Dich stünd' still. ▶

Aussichten
___

Dies ist Ernst, wie Du zu Recht von mir verlangst,
hab' wie Dich
noch keinen Menschen ernst genommen.
Möcht', dass Du niemals um Deine Zukunft bangst –
will, so lang ich kann –
wenn Du willst – zu Dir kommen. ◆

Lächeln ♂

Wie schaust Du mich wohl eines Tages an,
wenn ich Dich endlich wiedersehen kann,
mich trau', Dir wieder näher sein zu können,
und aufhör', unsrem Glück stets nachzurennen?

Wird's nur ein reserviertes Lächeln sein?
„Nanu – halló, wie geht's, nicht schlecht, ach nein?
Na dann, mach's gut, muss schnell noch in die Stadt!
Ganz nett auch, dass man sich gesehen hat ..."

Wirst Du mich kühl und distanziert betrachten?
„Na, alter Mann, wie kann ich dich beachten,
wo es ja noch genügend Andre gibt,
von denen mancher sagt, dass er mich liebt?"

Ich fürcht', Du könntest ziemlich spöttisch schauen:
„Du hattest doch genügend andre Frauen –
Jetzt auch noch ich? Lass mich in Ruhe leben,
du kannst das wahre Glück mir nicht mehr geben."

Vielleicht seh' ich in Deinem Lächeln Mitleid:
„Du guter Freund, verschwend' nicht Deine Zeit!
Bin nicht mehr die, die du so sehr geliebt,
auch wenn mich das berührt und dich betrübt."

Erkenn' ich Trauer tief in Deinem Blick?
„Vergang'nes Glück holst du nicht mehr zurück!
So schön und schwer die Zeit für uns auch war –
sie ist vorbei – mir war das lang' schon klar." ▸

Aussichten

In Deinen Augen steht vielleicht Bedauern –
verdrängen willst Du und nicht mehr betrauern:
Du wünschst Dir klein, was groß mir war und ist –
ist's Überlebenstaktik, Lebenslist?

Zeigt mir Dein schwaches Lächeln auch die Angst,
dass Du Dich fürchtest, um die Zukunft bangst?
Hast Angst vor neuer Freundschaft, neuer Nähe,
nach allen Höh'n und Tiefen einer Ehe?

Du siehst, ich mach' mir immer noch Gedanken
um Dich, um uns, und ohne alle Schranken,
die zwar der Alltag setzt, doch irgendwann
ein starker Wille in uns öffnen kann.

Ach, etwas Neugier könntest Du mir schenken,
Dein Lächeln sollt' mich prüfen und nicht kränken,
was neu an mir, was gut und altbewährt,
was Dich berührt, erheitert, nicht beschwert!

Ein frohes Lächeln wär' der Anbeginn
für einen neuen Weg mit neuem Sinn,
einander neu zu suchen, gar zu finden,
sich auszutauschen und sich zu ergründen.

Ganz traumhaft wär', geb's Gott, ein wenig Glück
in Deinem Blick – so wär' ein kleines Stück
des Weges dann begonnen, der uns eint –
und sei ich Dir zunächst auch nur ein Freund. ◆

Konsequenz ♀

Geschrieben hab' ich Dir schon mal,
dass ich Dich lieb'
auch wegen Deiner Konsequenz,
bei *ihr* zu sein trotz aller Qual –
denn umzufallen hattest Du
doch niemals die Tendenz.

Wir war'n sehr jung und sehnsuchtsvoll,
und hatten Frust so lange schon
in unsrer Ehe –
behutsam, gar nicht liebestoll,
wir suchten beide Glück
für uns mit wahrer Nähe.

Obwohl Du liebtest mich so sehr
und schwanktest zwischen Deiner Pflicht
und Deinem Herzen,
so machtest Du die Wahl Dir schwer
und prüftest Dich so lang'
und unter so viel Schmerzen.

Da hat ich's leichter: Mir war klar,
dass Du allein der liebste Mann bist
für mein Leben.
Weil meine Wahl gefallen war,
wollt' ich mit Herz und Hand
und Seele Dir mich geben. ▶

Aussichten

So wie Du stehst zu Deiner Frau –
ich wünsch', Ihr führt ein gutes,
liebevolles Leben –
so konsequent ich Dir vertrau',
auch wenn Du sagst und schreibst,
es könnt' mit uns nichts geben.

Vergleich ich Dich mit meinem Mann –
so lang' und intensiv hab' ich
für ihn gelebt –
dann seh' ich klar,
was er nicht will und auch nicht kann –
er hat's auch niemals angestrebt.

Ich bleib' auf der gewählten Bahn,
dass ich mein Glück dereinst
mit Deinem Weg verbinde –
die Treue fühlt so gut sich an,
die ich so lang' zu Dir
und Deiner Art empfinde.

Und sollten unsre Hände sich
dereinst in alter Lieb' und Zärtlichkeit
umfassen,
so lässt Du mich nie mehr Stich –
auf Deine Konsequenz
werd' ich mich stets verlassen. ▸

Aussichten

Seitdem mir ganz präsent und klar,
wie wechselvoll und lang'
ein Leben kann wohl dauern,
erscheint's mir falsch und sonderbar,
das Träumen aufzugeben,
gar sich einzumauern.

Das Leben ist so relativ
mit seinem Auf und Ab,
den Unabwägbarkeiten –
mal lebt sich's gut, mal geht was schief –
gibt's absolute Werte,
Halt für schwere Zeiten?

Solch' Halt ist unsre Konsequenz –
Du dort, ich liebend hier,
auf jeweils eignen Wegen –
doch irgendwann kommt der Konsens:
Ich glaub, für Dich und mich
gibt Gott dann seinen Segen. ◆

Aussichten

InterNet ♂

Ein Mann liebt eine kleine Frau
und deshalb wüsst' er gern genau,
was sie so tut, was sie wohl denkt,
ob sie ihm noch Beachtung schenkt.
Doch sie zu fragen, ist tabu –
sie schweigt – da lässt er sie in Ruh'.

So sucht er dann auf andrem Wege
zu sehen, ob sie sich noch rege;
sucht jede Nachricht, jedes Bild,
damit es seine Sehnsucht stillt.
Weil Neues er so gerne hätt',
geht schließlich er ins InterNet.

Das InterNet – der große Freund …,
es tut ihm gut, weil es so scheint,
als ob mit Jener, die er liebt,
es ihn vereint; denn er begibt
sich froh sogleich in das Gefühl,
ihr nah zu sein, sei leichtes Spiel.

Er tippt ganz locker ein paar Tasten,
klickt ihren Namen ohne Hasten,
lässt die Maschine kurz mal suchen
und kann sofort Erfolg verbuchen:
So Manches, was er da enthüllt,
begeistert ihn, derweil er fühlt … ▶

Aussichten

… sein Herz hochschlagen, Schweiß bricht aus:
Da ist ihr Bild, vor ihrem Haus –
sie lächelt lieb, so sehr vertraut,
auch wenn sie jetzt schon leicht ergraut.
Sie ist 's! – ganz typisch – So sympathisch
wie einstmals wirkt sie, und empathisch…

… scheint sie zu sagen: „Das bin ich,
hier steh' und wart' ich nur auf Dich!"
Und ach, die Bilder ihrer Töchter –
am liebsten gleich mal mailen möcht' er,
um alles Neue zu erfahren,
was wohl geschehn in all den Jahren.

Dies' alles ist so klar, präsent,
wie er es nur aus Filmen kennt –
zum Greifen nah, direkt vor Augen –
er möcht' es alles in sich saugen,
möcht' winken, rufen, reagieren,
ein Wiedersehen arrangieren …

… doch halt! – Zum Glück stoppt der Verstand,
den er noch hat, die heiße Hand –
er weiß, er muss jetzt an sich halten:
Soll seine Chance nicht ganz erkalten,
muss er den Status quo erkennen,
sich nicht in Illusion verrennen. ▶

Aussichten

So wird das Netz ein doppelt' Ding:
Für ihn, der mal auf Suche ging,
zunächst ein Freund beim frohen Finden –
mit ihr, so schien's, ihn zu verbinden.
Doch als die Sehnsucht neu entstanden,
kommt das Reale ihm abhanden …

… der schöne Schein wird schnell zum Fluch –
nur Illusion ist der Versuch,
die Wirklichkeit zu überlisten,
zum Wiedersehn sich aufzurüsten,
weil, was da lockt gestochen scharf,
real doch nicht geschehen darf.

Nun fühlt das Netz er auch als Feind:
Anstatt dass es ihn froh vereint
mit Jener, die er vor sich sieht,
solang', wie er am Bildschirm kniet,
macht 's ihm was vor: Es sind nur Daten,
die angeklickt zu ihm geraten!

Die Nähe, die das Netz verheißt,
ihm deshalb fast das Herz zerreißt,
wenn er sich ausmalt, wie es wär',
er säh' sie wirklich niemals mehr,
wär' nicht mal Gast in ihrem Leben –
das könnt' den schwersten Schlag ihm geben. ▶

Aussichten

Nicht Datensätze tun ihm gut,
er sehnt sich tief nach Fleisch und Blut,
nach ihrer Näh' und Zärtlichkeit,
Gespräch, Gefühl, Verbundenheit –
anstatt durch Bits und Bytes Beschauer,
möcht' er ihr Glück sein auf die Dauer!

Was lernt er nun aus der Geschicht'?
Verlier im InterNet dich nicht!
Benutz' es bei banalen Dingen,
persönlich kann 's dir wenig bringen –
such' stets das Glück im echten Leben,
nur das kann Kraft und Liebe geben! ◆

Aussichten

Ganz sicher ♀

Ganz sicher werd' ich Deiner niemals sein.
Du in der Ferne, der mich so verletzbar machte
und den ich liebe, dem ich tief verbunden bin,
der so viel Glück und Not,
und Weg und Ziel mir brachte – wer bist Du,
wohin strebt Dein Herz, Dein Kopf, Dein Sinn?
Ganz sicher werd' ich Deiner niemals sein.

Ganz sicher wirst Du meiner niemals sein.
Ob uns dereinst die Krankheit trennt,
ob Krieg, ob Tod,
ob uns Gewohnheit oder Überdruss entzwein,
ob ich mich wandle, Dich vergess' in Deiner Not,
versäume, mich an Deinem Lachen mitzufreun –
ganz sicher wirst Du meiner niemals sein.

Ganz sicher ist es gut, als Mensch Dir nah zu sein,
dem Du vertrauen kannst,
der immer bei Dir ist,
Dein Inneres, den Kern, Dein Wesen zu erkunden,
der Dich begreifen will und keinesfalls vergisst,
dass Gott ja auch in Dir sein Abbild hat gefunden.
Ganz sicher ist es gut, als Mensch Dir nah zu sein.

Ganz sicher kann auf Erden niemand sein.
Das stete Glück – und sei 's auch nur Zufriedenheit,
bleibt Wunsch und Traum, war niemandem
bisher beschieden. Denn …
unsres Lebens Pulsschlag und die Macht der Zeit,
sie fordern unablässig uns, ohn' Ruh' und Frieden.
Ganz sicher kann auf Erden niemand sein. ▶

Aussichten

Ganz sicher kann für uns nur dieses sein:
Dass wir das Leben lernen –
uns zu leben freun –
bedarf zu jeder Stunde, dass wir Opfer bringen.
So müssen wir im Kampfe mit uns selbst, allein!
in jedem neuen Augenblick den Sieg erringen.
Ganz sicher kann für uns nur dieses sein.

So sicher werd' ich Deiner dennoch sein:
Im Glauben an Dein Wesen, an das tiefvertraute,
das Du einst fragend, lächelnd
mich erkennen ließest, bleibt mir ein Schatz,
ein Reichtum, wie ihn keiner schaute,
viel größer, als Du oft mit Deinem Blick verhießest.
So sicher werd' ich Deiner dennoch sein.

Ganz sicher werden wir nur so einander sein:
Wenn wir bereit sind, jederzeit uns zu verlieren,
kaum dass wir glücklich
wieder uns gefunden hätten,
wird keine Zeit, kein Raum uns voneinander führen,
wir werden treu und nah uns sein an allen Stätten!
Ganz sicher werden wir nur so einander sein. ◆

Aussichten

Die Taube auf dem Dach ♂

Man sagt, der Spatz in deiner Hand,
meist nicht geschätzt, oft unerkannt,
sei viel mehr wert – denkst du mal nach –
als jene Taube auf dem Dach,
die unerreichbar fern und weit
dir bringt nur Frust und Herzeleid.
Warum denn in die Ferne schweifen,
wenn Gutes liegt so nah – zum Greifen?

Dies' Sprichwort hab' ich hinterfragt,
damit kein Zeitgenosse sagt,
ich hätt' mir keine Müh' gegeben,
zu bringen Richtung in mein Leben,
denn das braucht Halt und Seelenkraft
und dabei hilft die Partnerschaft.
Auch wenn sie Mut braucht und Gefühl
und Rücksicht – war sie stets mein Ziel.

Zurück zum Sprichwort: Mit dem Spatz
ist nicht gemeint der braune Matz,
der zwitschert, fleißig sucht und pickt,
durch seine Munterkeit entzückt.
Nein, gegenüber einer Taube,
so ist nun mal der Leute Glaube,
sei doch der Spatz nur Mittelmaß:
Man hat ihn – aber ohne Spaß. ▶

Aussichten

Man lebt mit ihm, mal recht, mal schlecht,
und sagt sich: "Sei nicht ungerecht –
wollt' er nicht täglich bei dir sein,
wärst einsam du, nicht nur allein."
Denn um dem Spatz gerecht zu sein,
der sich bemüht, tagaus, tagein,
mahnt das Gewissen, der Verstand:
„Sei fair und treu – kein Ignorant, …

… sonst ist der Spatz ganz plötzlich weg
und du erlebst mit großem Schreck,
allein zu sein ganz ohne Schatz –
hast weder Taube noch den Spatz!
Noch schneller wird dein Spatz entfliegen,
wenn er bemerkt, dass er nicht siegen,
nein, schließlich doch verlieren müsste,
wenn von der Taube er was wüsste."

Zurück zu mir – hab' lang' genug,
bewusst und ohne Selbstbetrug,
mit Spatzen meine Zeit verlebt,
an guter Partnerschaft gewebt,
hab' lang' versucht, so sag' ich offen,
auf meine Taube nicht zu hoffen,
mit meinen Spatzen fair zu leben
und ihnen Sicherheit zu geben. ▶

Aussichten

Nein, nicht die Spatzen trugen Schuld –
sie übten Sorge und Geduld,
mich meist' bestmöglich zu begleiten
in guten und in schlechten Zeiten.
Doch immer war die Taube da –
mal weit entfernt, mal wieder nah –
nicht auf dem Dach und nicht zum Scherzen,
nein, ganz real, in meinem Herzen.

Ich hab nun lang' genug probiert,
wohin mein Weg mit Spatzen führt –
sie waren wirklich liebenswert –
ein weit'rer Test wär' ganz verkehrt!
Statt halben Herzens stets zu Zwei'n
leb' lieber frei ich und allein,
weil Sehnsucht mich so ganz erfüllt,
die auch der beste Spatz nicht stillt.

Ist meine „Taube auf dem Dach",
dereinst zwar einsam, doch noch wach,
wird sie, so hoff' ich, zu mir fliegen
und froh in meinen Armen liegen.
Ich warte treu auf meine Taube,
denn lang' schon ist's mein fester Glaube,
dass sie mich eines Tages will –
bis irgendwann mein Herz steht still. ◆

Horizonte ♀

Wie weit ich schau', wie lang' ich plane
und wo ich meine Grenzen ahne,
wie weit zu geh'n ich hätt' gekonnt,
bestimmt die Zeit – mein Horizont.

Wo ich ihn setz', wo ich ihn denke,
ich gleichsam mir die Zeit beschränke,
die mir verbleibt für meine Träume,
eh' fort ich geh' in neue Räume.

Konkret ist nun der Punkt, der springt,
ob irgendwann es mir gelingt,
Dich, Liebster, wieder zu gewinnen,
eh' meine Jahre ganz verrinnen.

Mit 40 wollt' es nicht gelingen,
uns beide wieder nah zu bringen –
mit 60 kommt vielleicht das Glück,
das wir einst hatten, neu zurück.

Mit 80 geht's den Meisten schlecht,
sie kränkeln, seh'n und hör'n nicht recht –
mit 100 wird es unwahrscheinlich
und – nebenbei – vielleicht schon peinlich.

Dies macht mir Angst und bringt mir Not:
Ist Eines von uns gar schon tot,
eh' uns der Himmel freundlich winkt
und uns als Paar zusammenbringt? ▶

Aussichten

Ich hör' und les' und denk' so viel:
Womöglich gibt's ein neues Spiel,
ein andres Dasein nach dem Tod,
im neuen „Land" ein Morgenrot?

Es soll ganz hell sein dort und licht,
so leicht und schön wie ein Gedicht,
dass ohne alle Erdenschwere
ein „Wiedersehen" möglich wäre.

Natürlich anders als auf Erden
würd' dort ein Miteinander werden,
von Seel' zu Seel' die alte Liebe
vielleicht uns doch erhalten bliebe.

Nur sie könnt' uns zusammenführen,
auch wenn wir uns nicht mehr berühren.
Wenn hier sie war und dort noch lebte,
sie unsre Seelen neu verwebte.

Dies' Bild und diese Möglichkeit,
befreit von Alter, Ort und Zeit,
einander nahe sein zu können,
will „neuen Horizont" ich nennen.

Er ist Befreiung und viel mehr –
die Zeit wirkt nicht mehr knapp und schwer.
Der neue Horizont macht Mut,
ich atme auf und fühl' mich gut. ▶

Aussichten

Ach, muss es Horizonte geben,
die grenzen unser Erdenleben?
Wenn wir nicht wissen, wo sie sind,
schmerzt noch mehr, wie die Zeit verrinnt!

Seit ich den Horizont verschoben
in die Unendlichkeit dort oben,
da hab' ich neue Zuversicht –
von ihr erzählt Dir dies' Gedicht. ◆

Hoffnung

Der Plan ♂

Wenn man ein Ziel vor Augen hat,
dies' vorerst nicht erreichen kann,
und weiß sich keinen bess'ren Rat,
dann macht man den „Fünf-Jahres-Plan".

So geht's mir nun seit Jahren schon:
Kenn' eine Frau und lieb' sie treu,
doch was ist dieser Liebe Lohn –
gewinn' ich sie für mich aufs Neu'?

Da tröst' ich mich von Jahr zu Jahr:
„Wart' ab, das Schicksal gibt uns frei!"
Vergesse nicht, wie schön es war,
wie lange her es heut' auch sei.

Von Jahr zu Jahr ist nicht genug,
das hab' ich schmerzhaft lang' erfahren,
denn dieses grenzt an Selbstbetrug –
das Schicksal braucht wohl mehr an Jahren.

Drum will ich schweigen jetzt fünf Jahr',
auch zwischendurch kein bisschen „talken",
wenn manch' Gespräch zu viel schon war –
sonst heisst's erneut, ich würde „stalken".

„Willst du gelten, mach' dich selten!"
Diese Regel bleibt mir nur – doch
wird sich meine Lieb' erkälten,
kämpf' ich gegen die Natur? ▶

Hoffnung

Ist denkbar, dass nach Mann und Ehe,
statt alter Freundschaft und der Liebe,
nicht einmal Mitgefühl entstehe –
in ihr nur Neugier übrig bliebe?

Die Neugier wär' ein Grund dafür,
dass ich von ihr mal wieder hörte,
wenn sonst auch nichts dahinter wär',
was mich zunächst nicht wirklich störte.

Der zweite Grund wär' echte Not,
in der sie meldete sich hier,
vielleicht ein Unfall oder Tod,
der leider brächt' sie näher mir.

Ein dritter Grund fällt mir nicht ein,
das Schicksal geht verschlung'ne Bahnen,
ich will nicht so vermessen sein,
dass ich könnt' Gottes Wege ahnen.

So lang' zu schweigen, fällt mir schwer,
ich handle lieber, bin aktiv –
wo nehm' die Zuversicht ich her,
dass dieser Plan nicht doch geht schief?

Wenn aber nach fünf Jahren gar
ich noch nichts von ihr hören kann? –
Ist meine Lieb' noch warm und wahr,
wird's dann wohl der „*Zehn*-Jahres-Plan ..." ◆

Hoffnung

Aufbewahren ♀

Es gibt ein Wort, das mir als Frau gefällt,
ein ält'rer Ausdruck, etwas überkommen,
auch wenn er passt nicht ganz in diese Welt,
so hab' ich doch als Motto ihn genommen.

Das Wort heißt schlicht und einfach „*aufbewahren*",
darin steckt *aufwärts* und die *Wahr*heit,
darin liegt „schützen vor der Welt Gefahren"
und Zeit und Hoffnung, Sinn und Klarheit.

So hab' bewahrt ich mir das viele Glück,
die Augenblicke, Stunden, Tage, Jahre,
die Du mir gabst – ich gab sie gern zurück –
für mich war es bis heut' das Große, Wahre.

Was Du bewahrt hast, kann ich heut' nicht spüren,
zu groß und still ist zwischen uns der Raum.
Willst Du, wer weiß, das Gestern nicht berühren,
in Deinem Leben stört nur unser Traum?

Doch dieser Traum lebt in mir unvergänglich,
ich schütz' ihn vor des Alltags stetem Lauf –
zum Glück ist Träume schützen nicht verfänglich,
im Alltag fällt mein Träumen Keinem auf.

Die Zeit, die ging, und ihre lange Dauer
hat klargemacht, was Du mir bist –
auch wenn Du baust aus Schweigen eine Mauer,
glaub' ich doch nicht, dass Du mich ganz vergisst. ▶

Hoffnung

Die Zeit, die kommt, gibt erst den rechten Sinn
fürs Aufbewahren – jener Augenblick,
der Lösung bringt für uns und daraufhin
Bewahrtes wird vielleicht ein neues Glück.

Dies' Aufbewahren ist mir keine Last,
es gibt, weil sinnvoll, meinem Leben Ziel –
an jedem Tag Du mich begleitet hast,
an Dich zu denken, wärmt mich, gibt mir viel.

Für Dich will ich auch selbst mich gut bewahren,
mich fordern, pflegen und gesund erhalten,
damit, Gott weiß, dereinst in wieviel Jahren
Du gut mit mir ein Leben könnt'st gestalten.

Denn aufbewahren will ich mich für Dich,
damit es aufwärts gehe und nicht ab-,
so lang mein Geist noch fit für solche Sprüch',
will ich nicht dämmern still ins kühle Grab.

So groß, wie meine Liebe ist zu Dir
und Du weit weg – so tief müsst' ich Dich hassen,
doch bist Du lieb und einzigartig mir.
Ich hab' gelernt: Ich muss Dich einfach lassen!

Wenn Du dies liest, so hoff' ich tief im Herzen,
dass Du verstehst, was ich Dir sagen will –
will Glück Dir bringen nur, nie wieder Schmerzen,
drum schreib ich dies – und bin ansonsten still. ◆

Umwege ♂

*„Ganz in der Nähe anzukommen,
hast du den weiten Weg genommen!"* –
so wird nach vielen tausend Tagen
dereinst wohl mancher zu mir sagen –
„hast's dir nicht grade leicht gemacht,
und was hat es dir nun gebracht?" –
Die Antwort möcht' ich gut erklären,
mein Selbstverständnis zu vermehren.

„Ein Weg ist oftmals auch ein Ziel"
Gut, dieser Satz heißt doch so viel
wie: Was du tust und wie du handelst,
auf welchen Pfaden du da wandelst,
das achte gut und geh' bewusst –
der Zieleinlauf bringt kurz nur Lust! –
Die meiste Zeit in deinem Leben
den Weg zu finden, ist dein Streben.

Mein Ziel bist Du – doch weiß ich schon,
zu gehn mit Dir, ist nicht nur Lohn –
ist wiederum ein neues Ziel,
ein neuer Weg, der fordert viel
an Liebe, Kraft, Geduld und Mut,
damit es geht uns Beiden gut.
Ich will Dich nicht im Blick zurück,
ich möcht' nur mehren Dir Dein Glück. ▶

Hoffnung

Ja, unterwegs sind wir doch immer,
das macht uns stark und niemals dümmer –
erst wenn wir stillstehn, brauchen Halt,
dann sind wir wirklich richtig alt.
Solang' wir aber Kraft verspürn,
die Lebenslust noch nicht verliern,
solang' nur dankbar soll'n wir sein,
dass Gott uns niemals lässt allein.

Er schenkt uns gnädig Ziel' und Wege,
damit wir leben nicht zu träge –
dass Spannung unser Leben füllt,
sich dieses nicht in Nebel hüllt,
durch den wir nur noch tappen, tasten,
nur vegetiern und ruhn und rasten.
Erst wenn der Körper nicht mehr fit,
dann gehn wir keinen Weg mehr mit.

So bin ich froh, im Saft zu stehn,
ganz klar vor mir mein Ziel zu sehn –
erst diese Bindung macht mich frei,
wie aussichtsarm sie immer sei.
Ich fühl' mich frei von vagen Wegen
und spüre täglich Seinen Segen –
dass Er mich leitet und bestärkt,
das hab' ich dankbar längst gemerkt. ▶

Hoffnung

Und sollt' mein Ziel ich nicht erreichen –
wenn Deine Zweifel niemals weichen –
dann hab' durch Dich ich Glück gehabt,
bin nicht nur vor mich hin getrabt,
nicht vegetiert, nicht Zeit vertan –
hab' intensiv die Lebensbahn
gefüllt, erfüllt mit gutem Leben,
mit Liebe und mit echtem Streben.

So führt mein Umweg, im Vertrauen,
zurück, dank aller meiner Frauen,
zu Dir, und so sich schließt der Kreis,
den ich sehr wohl zu schätzen weiß:
Bin reifer, für Dich angenehmer,
als Lebenspartner viel bequemer
als ich mal war zu Aufbauzeiten
mit wenig Geld, viel' Schwierigkeiten.

Ich glaub', auch Du hast viel gelernt,
von Deiner Angst Dich mehr entfernt
um Geld und Schutz und Sicherheit,
die Dich bedrückt' zu jener Zeit.
Dein Umweg ohne mich war keiner;
dass Du ihn wähltest, war wohl reiner
gelebter Selbstbehauptungswille –
von unsrer Liebe blieb die Stille ... ▶

Hoffnung

… und diese hat mir gut getan,
denn Stille ist kein leerer Wahn;
ließ meine Liebe wachsen, reifen
und lehrte mich, auch zu begreifen,
dass gute Dinge brauchen Zeit,
Geduld, Verständnis – Ehrlichkeit,
mich ernst zu prüfen, klar zu sehn:
Ich bleib' bereit, mit Dir zu gehn!

Den Ausdruck „Umweg" streiche ich –
es gab und gibt ihn nicht für mich,
denn jeder Weg ist mein Gewinn,
ob grad', ob krumm, – er führt mich hin
zu neuen Ufern, neuem Sinn;
macht klüger mich als heut' ich bin,
macht stärker auch, zufrieden, reifer –
und dämpft so manchen Übereifer. ◆

Für kurze Zeit ♀

Wie gern würd' ich Dich wiedersehn
und sei's auch nur für kurze Zeit,
so gern an Deinem Wege stehn,
Minuten nur, für kurze Zeit –
Dir stumm in Deine Augen sehn,
Sekunden lang, für kurze Zeit –
vielleicht zwei Schritte mit Dir gehn,
die uns geschenkt – für kurze Zeit?

In Deinen Augen würd' ich lesen,
die ich so lang', so sehr vermisst,
wie gut, wie schwer Dein Weg gewesen,
und lesen, was noch übrig ist
von Deiner großen, tiefen Liebe –
dass sie im Alltag unterging',
im unvermeidlichen Getriebe,
das wär' für mich ein schlimmes Ding.

Wie kurz uns diese Zeit auch sei,
ich kostet' aus sie bis zur Neige,
empfände Ewigkeit dabei,
die sich in solchen Stunden zeige.
Den Zwang der Zeit zu überwinden,
das ist wohl aller Wesen Ziel –
den Weg zur Ewigkeit zu finden
ist mehr als Sehnsucht und Gefühl. ▸

Hoffnung

Das Feste, Klare, Sich're, Gute
sucht' ich in vielen Lebensrunden –
hab' lang' gesucht das Absolute,
durch Fügung hab' ich *Dich* gefunden.
Vergängliches viel Schmerz bereitet
und darum ist's ein Grundbegehren,
das unser Leben stets begleitet,
nur Dauerhaftes zu vermehren.

Das hab' ich ganz in Dir gefunden,
Du hast entfaltet meine Liebe,
hätt' nie geglaubt, ganz unumwunden,
dass sie so schön und stark noch bliebe.
Ich wär' so gern recht lang' auf Erden,
um eine Zeit mit Dir zu leben –
für Dich, da lohnt sich's, alt zu werden,
ganz gleich, wie lang' – mich Dir zu geben.

Drum bin ich froh, so zu empfinden,
dass doch nicht alles relativ –
zu spür'n, aus klaren, guten Gründen,
dass uns ein höh'rer Wille rief –
uns rief, einander treu zu sein,
an unsrer Liebe festzuhalten,
uns – auch getrennt – daran zu freun,
mit Liebe jeden Weg gestalten. ▶

Hoffnung

Auch wenn Dein Weg mir kaum bekannt,
den Du heut' gehst, auf dem Du wandelst,
so hoff' zu finden ich das Land,
für dessen Träume Du wohl handelst.
Wenn dieses Traumland steht noch offen,
dann scheu' Dich nicht, es zu betreten –
es lohnt sich, fest darauf zu hoffen
und Gottes Segen zu erbeten.

Wie gern würd' ich Dich wiedersehn –
vielleicht kommt die Gelegenheit,
doch irgendwann vor Dir zu stehn,
bescheiden, offen und bereit;
in Deine Augen Dir zu schaun,
nicht nur Sekunden – jederzeit!
So wag' ich, unsrem Gott zu traun,
auch wenn mein Weg zu Dir noch weit. ◆

Hoffnung

Genug gesucht ♂

Genug gesucht! Nach vielen Jahren,
die ich gelebt und viel erfahren,
so viel gesucht, so viel gefunden –
geliebt, geküsst in vielen Stunden,
da mache ich mir endlich klar,
ob denn dabei die Richt'ge war?

Die Richtige – ein kurzes Wort –
und dennoch denk ich hier sofort,
dass sie zu definieren schwierig,
sie gar zu finden längerwierig.
Entscheidet Kopf, entscheidet Bauch?
Wie sollt' sie sein, und fühl' ich auch?

Ob ihr es glaubt oder auch nicht –
„Ich habe sie!" so sag' ich schlicht,
„und hab' sie doch nicht, denn – wie üblich –
ist sie nicht frei – doch ist's vergeblich,
sich diesbezüglich zu vergrämen,
am Ende gar den Strick zu nehmen."

Seit ich das weiß, nach vielen Jahren,
die Lehrzeit mir und Prüfung waren,
hab' ich die Suche eingestellt,
such' keine mehr auf dieser Welt:
So lang' *sie* lebt und existiert,
bin ich total auf sie fixiert. ▶

Hoffnung

Ein Weitersuchen zwecklos ist,
weil doch mein Herz sie nicht vergisst.
Sie stand, das spürt' ich Stund' um Stund',
bei jeder Frau im Hintergrund:
Hätt' sie nur mit der Hand geschnippt,
sofort dann wär' ich umgekippt.

So geht's wohl für den Rest des Lebens:
Ich spür', ich suchte stets vergebens –
so lang' sie mir mein Herz erfüllt,
kein' Andre meine Sehnsucht stillt.
Für sie nur kann ich all das geben,
was Frau sich wünscht in ihrem Leben.

Genug gesucht! Bei allem Gram
mir nächtens die Erleuchtung kam:
Es ist vertrackt und doch so wahr,
dass meine Rote Linie klar:
Ich weiß endgültig, wen ich will –
nun, Schicksal, deinen Teil erfüll'! ◆

Hoffnung

Abendtraum ♀

Auf einer Bank – schön wär's – zu träumen,
mit Dir den Abend zu begrüßen,
den Blick auf Wiesen, Fluss und Bäumen,
die Abendstille zu genießen.

Und statt zu theoretisieren,
statt argzuwöhnen, statt zu hoffen,
ganz einfach nur zu meditieren,
als wär' das ganze Leben offen.

Es kämen dann nach läng'rem Schweigen
so ein paar Worte, kleine Fragen,
und nach und nach könnt' auch sich zeigen,
was wir einander möchten sagen …

… wie es um dies und jenes steht,
welch' Wege wir bisher gegangen,
was uns bewegt, wie's weitergeht,
ob es sich lohnt, neu anzufangen, …

… um frei und leicht sich auszutauschen
ohn' jede schicksalhafte Schwere
und nicht das Ganze aufzubauschen,
als ging' es gleich um Geld und Ehre.

So nebenbei wär'n wir bereit,
manch' Missverständnis auszuräumen,
und ließen uns so richtig Zeit,
zu fabulieren und zu träumen. ▶

Hoffnung

So dass nach manchen solcher Stunden
vielleicht was Gutes neu entsteht –
wenn jeder hat für sich gefunden,
auf welche Art 's ihm besser geht.

Auf einer Bank, schön wär's, zu träumen
und dann den Mann im Mond zu grüßen,
mit Dir und Wiesen, Fluss und Bäumen
die Abendstille zu genießen. ◆

Hoffnung

Unser Tag ♂

Unser Tag beginnt wieder zur gleichen Zeit
doch er ist nicht derselbe –
Du lebst Deinen Tag
ich lebe meinen Tag –
und dennoch bist Du mir vertraut
und dennoch bist Du meine Heimat.

So lebe ich durch Dich
erwache ich in Gedanken an Dich
beginne ich jeden Tag mit Deinem Namen
nehme ich meine Pflicht auf mich
mit Deiner Geduld
sehe ich die Menschen mit Deinen Augen
und gehe zwischen ihnen mit Deinem Gang.

Manchmal lächelt mein Mund Dein Lächeln
dann denke ich Deine Gedanken
und freue mich mit Deiner Fröhlichkeit
manchmal spüre ich Deine Zweifel
dann bin ich traurig mit Deiner Wehmut
und verstecke mich in Deinem Schneckenhaus.

Abends ruht das Herz in der Erinnerung –
aber es schlägt tapfer und holt Luft,
erwärmt von einer unauslöschlichen Flamme –
dann danke ich Gott für seine Güte
und bitte ihn um Dein Glück
und um einen Sinn für unseren Tag. ◆

Lebenszeichen ♀

Oft wünsch' ich mir, von Dir zu hören,
was Dich bewegt, was Dich erfreut,
und welche Sorgen Dich beschweren –
dies wüsst' ich gern von Zeit zu Zeit.

Ein kleiner Brief, ein leises Wort,
am Telefon ein frohes Lachen,
ein Ansichtsbild vom Urlaubsort –
so wenig kann mir Freude machen.

Es müssen nicht Romane sein,
die wir uns schreiben Tag für Tag,
wir brauchen auch kein Stelldichein,
geschweige ... was man denken mag.

Bin ich gewöhnt an karge Kost,
an Stille und an langes Schweigen,
gibt schon die SMS mir Trost,
auch wenn viel Nüchternheit ihr eigen.

Sie ist, ersehnt, ein Lebenszeichen,
wenn klar ist, dass der Andre lebt,
dass doch ein Gruß ihn kann erreichen –
ein wenig dann mein Herz erbebt.

Es freut sich über „Gute Reise!"
und fühlt, es fährt nicht ganz allein –
und es frohlockt auf seine Weise:
Sei die Beziehung noch so klein, ... ▶

Hoffnung

… die Dich und mich vielleicht verbindet,
ich kann mich stets von Neuem freun –
wenn sich ein Lebenszeichen findet,
dann wird nicht alles sinnlos sein! ◆

Ausklang

Ausklang

Märchen

In unserem Land, nicht weit von hier, lebte einmal eine Prinzessin, die war jung und schlank und von großem Liebreiz – aber sie war etwas gelangweilt, dabei klug und verständig, nur ein wenig ängstlich und meinte, sie sei vielleicht verklemmt.

Da traf sie einen jungen, stolzen Prinzen, der erkannte sie und ihr wahres Wesen und er zeigte ihr, dass sie liebevoll, liebenswert und völlig intakt, – kurz, eine richtige Prinzessin war.
Und beide gewannen sich mit der Zeit so lieb, dass sie einander nicht mehr missen wollten.

Die Prinzessin aber hatte sich vor Jahren einem edlen Ritter versprochen und lebte mit ihm und ihrer kleinen Tochter so dahin. Der Ritter war viel unterwegs und so nahm er sie von Zeit zu Zeit mit auf Reisen in ferne Länder, um dort unwissenden Menschen zu helfen. Doch wohin die Prinzessin auch reiste, immer tauschte sie mit ihrem Prinzen geheime Botschaften voller Zuneigung und Vertrauen aus und so wuchs ihrer beider Liebe im Laufe der Zeit ins Unermessliche.

Eines Tages bemerkte der Ritter die geheimen Botschaften und wurde sehr zornig und traurig, weil er den Prinzen zum Freund gehabt hatte. Er fasste sich aber und bat die Prinzessin, sich zu entscheiden zwischen ihm und dem Prinzen. ▶

Ausklang

Die Prinzessin war sehr unglücklich und unsicher und kämpfte einen langen, schweren Kampf mit sich und ihren Gefühlen, für wen sie sich denn entscheiden solle. Da sie aber nicht nur klug und verständig, sondern auch fair, pflichtbewusst und doch ein wenig ängstlich war, sagte sie sich von dem Prinzen los, blieb bei ihrem Ritter und schenkte ihm noch eine zweite Tochter.

Der Prinz war ebenso unglücklich – er versuchte, die Prinzessin zu verstehen und sich von ihrem Liebreiz zu lösen, was ihm aber nicht recht glücken wollte. Dennoch, mit den Jahren wurde aus dem Prinzen der König eines kleinen Königreiches. Dort lebte er ein zufriedenes, gutes Leben mit anderen Edelfrauen, und so sollte die Erinnerung an die Prinzessin allmählich verblassen …

… bis sich die Gestalt des Ritters eines Tages wie im Nebel auflöste. –

Darüber war die Prinzessin sehr traurig und brauchte viel Zeit, um den Verlust ihres mittlerweile gewohnten Lebens zu verwinden. ▶

Ausklang

Als der kleine König davon Kunde bekam, sattelte er seine Pferde, reiste zu seiner Prinzessin und suchte sie zu trösten und erneut zu gewinnen.
Die Prinzessin, nach ihrer Trauer wieder zuversichtlich, dabei klug und verständig, liebevoll und immer noch ein wenig ängstlich, ließ den kleinen König wieder zu sich, der sie von nun an beschützte und zu seiner Königin machte.

Sie zogen gemeinsam in ihr Traumland, wo sie ihr Glück fanden ... und wenn sie nicht gestorben sind, dann leben sie heute noch. ◆

Nachwort

Resümée

Voll' Liebe ... ist's ein ganzes Buch –
zu zeigen, ist es der Versuch,
was ich in vielen stillen Stunden
an Schreibenswertem hab' gefunden,
in Vers und Reimen festzuhalten,
wie *sie* und *er* die Not gestalten,
die Not aus Sehnen, Bangen, Hoffen –
wie's ausgeht, bleibt – wie meistens – offen.

Wer's las, nun wohl erkennen kann:
Die Frau liebt ähnlich wie der Mann –
die Sehnsucht ist bei Beiden gleich,
dass eines Tag's man ihn erreich',
den einen Menschen, den man liebt,
zu dem es keinen Zugang gibt.
So Liebende sind niemals einsam –
das tröste Frau und Mann gemeinsam.

Drum lasst uns gut zusammenhalten –
ich ruf' die Jungen wie die Alten,
doch niemals völlig aufzugeben;
aktiv zu warten auf das Leben,
das, uns vom Schicksal vorbestimmt,
doch stets die beste Wendung nimmt.
Wir sollen wach und offen sein
und uns an *allem* Guten freun!